교실을 움직이는 힘,
회복적 생활교육

교실을 움직이는 힘,
회복적 생활교육

초판 1쇄 2024년 2월 23일
초판 2쇄 2025년 10월 1일

지은이   정 진

펴낸이   김선희
펴낸곳   리피스북스
출판등록 제2023-000221호
전 화   032-321-7891
팩 스   032-321-7891
이메일   repeacebooks@gmail.com
인스타그램 repeacebooks
홈페이지 http://www.repeace.or.kr
ISBN 979-11-986074-0-9

*이 책 내용의 전부 또는 일부를 재사용하려면 반드시 저작권자와 리피스북스 양측의
 서면에 의한 동의를 받아야 합니다.

*파손된 책은 구입하신 서점에서 교환해 드리며, 책값은 뒤표지에 있습니다.

가르침은 사소한 것들로부터 시작된다

교실을 움직이는 힘,
회복적 생활교육

정 진_ 소셜 프로파일러 지음

◎ 일러두기

- 본서는 교사의 회복적 생활교육 실천을 돕기 위한 내용으로 구성하였습니다. 교사의 일상을 상상하며 학교에 출근하기 전 프롤로그부터 학교 가는 길에서 만난 사람들과의 이야기, 학교 정문에 들어서서 생각한 것들로 이어지며, 내용의 마지막에는 교사의 퇴근길 에필로그로 마무리합니다.

- 서클의 내용 중 기존 사용하던 신뢰서클은 '공동체서클'로, 문제해결서클은 '피스메이킹서클'로 명칭을 변경하였습니다. 이는 이전 명칭이 갖는 의미를 보다 포괄적으로 개방하여 자유롭게 주제를 구성하는 서클의 특성을 드러내기 위함입니다.

- 갈등에 대해 다루는 5부에서 갈등해결, 갈등전환 등의 용어를 사용합니다. 갈등전환은 갈등해결을 기초로 하고 있으며, 단기적인 목표로서 갈등해결은 장기적인 진지구축으로서 갈등전환으로 이어져 문화적인 토양 자체가 변화해야 함을 의미합니다. 교사가 1년여 간 학생을 교육하는 것은 단기적인 목표에서부터 장기적인 인격의 변화를 지향하며, 이를 위한 토대는 환대하는 교실입니다.

- 3부에 나오는 관공소 주제 모듈과 지도안 예시는 평화를 주제로 한 교육과정에 도움이 되도록 구성하였습니다. 주제를 중심으로 많은 토론이 이어지길 기대합니다.

• 추천사 •

함께, 평화의 세상으로 나아가는 경계에 서기를

_ 소사중학교 교사 서강선

　고백하자면, 지극히 회피형 인간인 저는 모든 갈등과 뜨거운 인간관계로부터 도망치며 살았습니다. 안전한 곳은 오로지 책뿐이었기 때문에, 되도록 현실과 동떨어진 소설로 에너지를 소모하고, 생활 속에서 움직이는 힘은 부족했습니다. 교사로서 태도 또한 좋게 말하면 선을 넘지 않는, 나쁘게 말하면 열정과 사랑이 부족한, '받는 만큼 일해도 괜찮지 않나?' 하는 정도를 유지했습니다. 하지만, 회복적 생활교육을 만나고 평화 교육에 관해 고민하기 시작하면서 저는 갈등 상황을 마주하고, 평화의 세상을 향한 경계에 서고, 그쪽으로 뚜벅뚜벅 걸어 나가는 사람이 되고 있습니다.

요즘 아이들은 관계 맺기를 힘들어합니다. 특히 코로나 시대를 지나며 아이들은 목적 없는 스몰 토크를 잃었고, 힘이 한 쪽으로 치우치지 않는 균형의 대화를 배우지 못했습니다. 학교에서 하루 종일 친구들과 한마디도 하지 않은 채 집으로 돌아가는 아이들이 있을 정도입니다. 좋은 관계는 시간만으로는 만들어지지 않습니다. 작고 큰 주제로 대화하고, 마음을 읽고, 눈치도 보고, 실패하고, 다시 도전도 해봐야 합니다. 그런 일상의 대화와 관계 맺음의 출발 지점이 우리가 만나는 아이들의 교실이라면 어떨까요? 학교는 단순히 공부를 가르치는 역할을 벗어났습니다. 집에서 외동이나 둘이 자란 아이들이 어른이 아닌 또래와 관계 맺고 대화하는 방식을 건강하게 배울 수 있는 곳이어야 합니다.

관계 맺음과 성장의 과정에서 특히 갈등을 '전환'한다는 관점의 변화가 저에게 큰 떨림을 줍니다. 갈등은 피해야 하고, '그냥 좋은 게 좋은 거'라며 덮고 넘어가는 것이 오히려 관계를 망가지게 합니다. 갈등을 해결하고 아무 일 없던 것처럼 사는 것도 쉽지는 않지요. 이럴 때 갈등 전환을 통해 새로운 관계를 만들어 나가는 것이 중요합니다. 물론 어렵습니다. 어른들도 하지 못하는 것을 아이들에게 어떻게 가르쳐야 하는지도 난감합니다. 하지만 오히려 아이들이라 할 수 있는 것도 있습니다. 아이들이 갈등 전환의 눈으로 세상을 볼 수 있도록 가르치고 싶습니다.

물론 지금 교실에 폭력과 혐오, 비난만 존재하는 것은 아닙니다. 하지만 분명히 평화로운 곳도 아닙니다. 주먹질과 싸움이 난무하지는 않지만, 뒷말과 끼리끼리의 문화, 모바일 메신저나 소셜 미디어를 통해 이루어지는 언어폭력, 따돌림 등이 있고, 이는 어른들의 눈길이 닿지 않아 무서운 결과를 만들기도 합니다. 사회에 나오면 더 심하다며 무방비 상태에 둘 수는 없습니다. 적어도 교실에서는, 아이들이 자라면서 만들어가는 관계는, 갈등을 바라보는 눈은 조금 새로워지면 좋겠습니다.

제가 만난 리피스평화교육연구소 선생님들과 정진 소장님의 방향과 시선, 그리고 실천은 늘 새롭고 우직합니다. 세상의 평화를 만들어 간다는 그 마음이 진심이라는 것은 책의 첫 문장만 읽어도 알게 되시리라 생각합니다. 지금은 전쟁, 혐오, 확증편향, 도파민과 고혈당의 혼란스러운 시대입니다. 그 혼란 속에서도 아름답게 평화로 피어날 아이들의 성장을 돕고, 응원하고, 함께하고 싶습니다. 이 책은 여러분의 마음에 아이들과 세상을 향한 사랑과 자애만이 남을 수 있도록 돕는 책이 될 것입니다. 이 책을 보고 계신다면 그분은 평화의 세상으로 나아가는 경계에 저와 함께 서 계신다는 생각이 들어 든든하네요. 반갑습니다. 앞으로도 잘 부탁드립니다.^^

• 추천사 •

내 것으로 해석이 가능한 학급 솔루션의 정석

_ 승지초등학교 교사 조은정

　회복적 생활교육을 처음 알게 된 것은 10년 전쯤으로 거슬러 올라갑니다. 같은 학교에 이 교육에 관심 갖고, 교사연수며 수업을 추진하던 부장님이 계셨고 저는 그분이 실시한 연수에 참가해 서클모임을 접하며 처음 알게 되었습니다. 당시에 저는 저학년 담임을 주로 맡아왔기 때문에 생활지도 사안들이 크지 않아, '고학년 담임을 맡게 되면 유용한 생활교육 방법이다.'라고 생각하였습니다. 그때만 해도 뭔가 생활지도 사안이 생길 때 활용할 수 있는 '툴' 정도로 생각했습니다. 이후 두 학교를 거치면서도 주로 저학년 담임을 맡았기에 시간이 지나면서 회복적 생활교육은 제 기억에서 잊혀졌습니다. 그런데 이태 전 새 학교로 옮기고 고학년 담임을 맡게 되었는데, 의도치 않게 학생들과 갈등이 갈수록 누적됐습니다. 갈등이 분쟁으로 치닫게 되면서 막막한 마음에 학교에 도움을 요청하자 정진 소장님이 오셨습니다. 소장님을 만나며 '아, 이것이 바로 그동안 잊고 있던 회복적 생활교육이구나!' 싶었습니다. 당시 저는 일부 학생들과 소통이 어려워 생활교육을 진행하기가 몹시도 힘들던 상황이었습니다. 아이들에게 반복해서 설명하거나 상담을 진행해도 벽에 대고 말하는 느낌이었고, 생활교육에 대한 아이들의 피드백은 전혀 없거나 공격적이고 부정적인 표현들뿐이었습니다. 상처받고 무기력해지는 것은 저였습니다. 자존감도 바닥까지 떨어져 '교실에서 내가 할 수 있는 것이 아무것도 없다.'고 느껴질 지경이었습니다.

그때 정진 소장님을 통해 전해지는 메시지로 저는 버틸 수 있었습니다. 다른 학생들의 지지 역시 뒤따랐습니다. 회복적 생활교육 학급 프로그램을 통해 저와 극단적으로 대립해 있던 학생들과 어렵사리 서로의 마음속 이야기를 나눌 기회를 가졌습니다. 아이들과 그간 소통할 수 없었던 원인이 무엇인지 함께 찾고 수정하려는 노력을 기울였습니다. 학부모들이 걱정하고 있던 터라 더 나은 학급을 만들기 위해(개인적으로는 피하고만 싶었던) 학부모총회도 열어 불편했던 마음을 나누는 시간을 가졌습니다. 부정적인 흐름이 우리 반의 기류가 되지 않도록 우리 학급만의 캠프도 열어 서로를 치유하는 기회가 되도록 하였습니다. 물론 단시간에 극적인 변화가 나타나지는 않았지만 학급 분위기에 변화는 분명히 있었고, 학생들도 그렇게 느끼며 관계가 회복되어 간다는 생각을 하게 되었습니다. 이후 학기를 마치고 나서 돌아보게 되었을 때, '아! 회복이라는 것은 사건에 국한된 것이 아니구나!' 하는 깨달음이 밀려 왔습니다. 마음속에서는 '좀 더 일찍 관계를 위해 노력할 걸.' 하는 후회도 있었지만, 큰 비용을 치르고 배운 이 평화교육이 있어서 무척 다행이라 여겼습니다.

이제 회복적 생활교육에 대한 저의 생각은 바뀌었습니다. 학급운영에 이 교육은 어떤 식으로든 필요하고, 관계는 그냥 방치해 둔다고 원하는 대로 흘러가지 않는 것이라는 점 또한 깊이 이해하게 되었습니다. 그런데 연수를 받고 실천하는 데는 한계가 있습니다. 교사로서 제가 어려울 때 정진 소장님이 관심을 갖고 지지의 메시지를 보내 주시고 직접적인 솔루션을 제공해 주셨던 것처럼 누군가 내 옆에서 가이드 역할을 해 줄 존재가 필요하다고 생각합니다. 그래서 이번에 정진 소장님이 자신의 메시지를 담은 책을 출간한다는 소식을 듣고는 몹시 반가웠습니다. 언제든 꺼내 볼 수 있는 메시지가 담긴 책, 내 것으로 해석이 가능한 학급 솔루션이 담긴 책이 현장 교사들에게는 정말 필요하기 때문입니다. 이전에 쓰셨던 「회복적 생활교육 학급 운영

가이드북」이 학급운영의 바이블이었다면, 「교실을 움직이는 힘, 회복적 생활교육」은 저자의 온기가 듬뿍 담긴 실천서의 정석이라고 생각합니다. 모든 교사에게 제가 받았던 저자의 온기를 나눕니다.

목차

추천사
- 함께, 평화의 세상으로 나아가는 경계에 서기를 • 5
- 내 것으로 해석이 가능한 학급 솔루션의 정석 • 8

프롤로그: 이른 아침, 학교 갈 준비를 하고 있다 • 14

1부 | 학교 가는 길에서 만난 사람들
당신이라면 어떻게 하시겠습니까?

1장. 아이와 아빠의 선택 • 28
2장. 평화를 선택한다는 것은 고통스러운 것일까? • 31
3장. 내가 사건의 당사자가 되었을 때 • 36

2부 | 학교 정문을 들어서며 생각한 것들
학교에서 어떻게 관계를 배울 수 있을까?

1장. 관계의 나침반, 회복적 생활교육 • 42
2장. 관계 형성과 관계 회복의 모형 • 44
3장. 회복적 교육은 평화교육이다 • 50

3부 | 우리 교실에는 '관계공감소통'가 있다
관계 형성에는 연습이 필요하다.

1장. 환대의 교실 만들기 • 53
2장. 우리 교실에는 '관공소'가 있다 • 81
3장. 학급의 관계를 만드는 Mom 놀이+Mam 놀이 • 101

4부 | 관계의 로드맵을 만드는 대화
교실 관계망을 '인수분해'하다

1장. 우리는 매일 대화를 연습한다 • 126
2장. 모두에 의한, 모두를 위한 서클 대화 • 137
3장. 정작 아이들 가정에 대화가 필요해요 • 172
4장. 교육전문가로서 학부모와 대화로 협업하기 • 187

5부 | 갈등전환으로 가는 길
갈등은 문제가 아니다.

1장. 갈등은 새로운 관계를 만든다 • 206
2장. 갈등 해결을 위한 분석의 기술 • 216
3장. 교실 갈등에 필요한 핵심 질문들 • 235

에필로그: 퇴근길, 학교의 매트릭스를 통과하며 • 248

참고문헌 • 253

• 프롤로그 •

이른 아침, 학교 갈 준비를 하고 있다.

　책을 쓰는 이유를 생각해 봅니다. 최근 몇 년 사이, 회복적 생활교육에 관해 여러 방법으로 접근한 책이 다수 출간되었습니다. 2년여에 걸쳐 이 분야에 대해 집필하며 저 역시 책을 내야 하는가, 제 자신에게 묻고 그에 대한 이유를 많이 생각했습니다. 그래서 제 프로그램을 소개하기에 앞서 책의 모형이 된 사유의 근거를 축약해 먼저 알리는 것이 순서라 여겨 다음과 같이 기술합니다.

| 교실의 '보이지 않는 손' |

'보이지 않는 손(invisible hand)'은 18세기 영국의 경제학자 애덤 스미스(Adam Smith)가 그의 저서 「국부론(The Wealth of Nations)」에서 언급한 비유입니다. 개인의 사사로운 영리활동이 사회 전체의 공적 이익을 증진시킨다는 의미로 사용한 것이지요. 시장에서 가격을 결정할 수 있는 구조(price mechanism)는 소수가 아닌 시장 참가자 전원에 의해 좌우된다는 말입니다. 다시 말해 애덤 스미스의 '보이지 않는 손'은 생산과 소비가 효율적으로 거래되는 시장에서 인간이 지닌 이기심이 결국 서로가 만족할 만한 결과를 가져오는 역할을 하게 된다는 원리입니다. 이때 '보이는 손'에 대한 언급도 함께 이루어집니다. 정부나 특정 집단이 시장에서 가격을 임의로 조절하거나 독과점 등의 영향력을 행사하게 되면 이상적인 가격 형성이 이루어 질 수 없습니다. 애덤 스미스는 「국부론」 이전에 「도덕감정론」을 통해 인간 본성을 다룬 적이 있는지라 이상적인 시장경제 체제가 제대로 형성될 수 없다는 것을 알았습니다.

애덤 스미스의 '보이지 않는 손'은 교실과 어떤 관련이 있을까요? 학급 풍경은 세대, 지역, 학년에 따라 다양한 모습으로 나타납니다. 학기 초에 교실의 구조를 세우는 영향력은 대부분 교사의 지도력에 달려 있다 해도 과언이 아닙니다. 교사가 억압적인 언사로 학생들을 통제해서가 아니라, 학생들이 공동체 구성원으로 어떠한 관계망을 만들어야 하는지 그 과정을 구조화할 수 있기 때문입니다. 교사는 학급 운영을 하면서 1년 내내 '보이는 손'으로 존재하기보다 학생들 관계의 '보이지 않는 손'을 장려해야 합니다. 애덤 스미스의 말처럼 인간이 지닌 이기심으로 인해 역설적으로 생산과 소비가 적절하게 이루어지고 서로에게 알맞은 시장 가격이 형성될 수 있다는 가능성을 곧이 곧대로 교실에 적용하기는 어렵습니다. 이는 교실 관계에 적용할 경우, 인간의 이기심으로 인한 폭력문화가 자리하거나 힘의 우위에 따라 구분되는 동맹관계가 형성되어 지배와 피지배 관계가 만들어지기 때문입니다. 지금까지 교실은 이러한 구조 속에 노출되어 왔습니다. 교사의 수업과, 관계 형성을 위한 지침이 주어지더라도 아이들은 본성에 따라 감각적으로 움직이는 것이 먼저이기 때문에 선생님 목소리에 대한 반응보다 또래 집단의 시선을 더 중요하게 여깁니다. 그래서 학년 초 학급의 '관계 형성 주간'이 지나고 나면 또래 관계의 점성이 느슨해 지면서 이러한 틈을 타고 폭력적 하위문화가 자리하게 됩니다.

그렇다면 교사는 '보이지 않는 손'을 교실 관계에 적용하기 위해 어떤 노력을 기울여야 할까요? 첫째는 교사의 한 학년 교육 계획에 학생들 간 관계를 주기적으로 배우고 익히도록 설계해야 합니다. 3월 개학이 중요하긴 합니다만, 3월 이후 4월, 5월, 1학기 중반에 이를 때까지 학급의 관계 모형을 더 구체화하여 거듭 연습해야 합니다. 시간이 지날수록 관계 형성을 위한 연습은 다양하고 깊이 있는 학습으로 이루어져야 하지요. 3월 개학 시즌에 놀이 몇 번을 통해 감정적 친밀함을 경험한다고 해서 관계가 형성되는 것은 아닙니다. 마치 몇몇 코드가 맞는 친구들끼리 무리 지어 다닌다고 하여 그들이 좋은 관계라고 말할 수 없는 것처럼 말입니다. 타인과의 관계는 계속 연습해야 하는 분야입니다. 내가 다른 친구의 거울이 된다는 점을 인식하고 서로가 어떻게 거리를 유지하며, 존중의 표현은 어떠해야 하는지, 맡은 역할에 대해 책임을 수행할 때는 어떻게 하는 것이 공정한지, 또 환대의 공간을 만들려면 기본적으로 어떤 약속이 지켜져야 하는지 등을 경험을 통해 깨닫도록 훈련해야 합니다. 이 책은 바로 그러한 훈련에 도움을 드리기 위해 마련되었습니다.

둘째, 교사가 보이지 않는 힘으로 작용하는 학급의 에너지를 키워 가려고 할 때 학생들에게 나타나는 긍정적 반응은 '폭력에 저항하는 힘'이 생기는 것입니다. 평화에 대한 감수성이 높아져서입니다. 학급에서 폭력이 발생하는 것에 민감해지고, 폭력을 싫어하고 거부하는 열망이 높아져 어느 한 학생이 일으키는 문제나 위기 상황에 휩쓸리지 않게 됩니다. 물론 이렇게 되기까지 오랜 시간 학급 구성원들의 노력이 필요하지만 불가능하지는 않습니다. 이 단계에 이르려면 우리 학급에서 일어나는 폭력에 관해 자세히 분석할 필요가 있습니다.

문제 행위를 지적하기 위한 분석이라기보다 어떠한 행동이 올바른지 모든 구성원들이 암묵적 문화로 주고받는 것을 목적으로 하지요. 이는 학생들 전체와 정기적인 대화를 가져야 하는 이유입니다. 교사가 문제 행위자를 따로 만나 상담하고 일상의 대화로 초대하는 것은 당연하게 이루어집니다. 그러나 학급 전체 학생들과 문제를 함께 개입하고 다루려고 하는 접근은 조심스러워합니다. 그러므로 학기 초부터 이러한 문제해결 과정을 합의하고 이를 근거로 공동체 대화모임을 갖는 것은 평화로운 교실을 만드는데 중요한 출발선이 됩니다.

셋째, 교사는 학생의 관계갈등, 문제행동에 대해 '반응'보다 '대응'을 우선해야 합니다. 반응은 상대를 향해 즉시로 표현하는 행위이고, 대응은 긴 안목으로 자신의 철학을 지니고 있음을 인식하며 행동을 선택하는 것입니다. 교사도 반복되는 자극에 감정적으로 무너질 수 있습니다. 그러나 그때마다 반응하는 것을 최선의 선택으로 삼는다면, 학생을 대상화할 가능성이 높아집니다. 어려울수록 '대응'해야 합니다. 문제가 꼬일수록 내가 지닌 철학적 기초가 무엇인지 깊이 사유하고 단단하게 다지며 학생의 분위기에 '반응'하기보다 '나다움'을 유지해야 합니다. 교사인 나도 연습하는 존재로 서는 것이지요.

| Sin과 Crime 사이,
아슬아슬한 줄타기가 벌어지는 교실을 사유하다. |

    오늘날 우리 사회의 교육 현실은 무척 암울합니다. '스승'과 '제자'라는 단어를 사용하기에도 어딘가 겸연쩍습니다. 학생들을 어떻게 지도해야 할지 혼돈스럽다는 교사의 하소연은 어제오늘의 이야기가 아닙니다. 학교는 일부 학부모에게 아동학대 사건이 일어나는 현장으로 매도되기도 하고, 교사나 학생이 서로를 향해 폭력을 행한다는 민원과 언론 보도가 폭주하는 공간이 되었습니다. 아이들의 자해와 자살 수치는 매년 증가하고 교사는 수업을 방해하거나 참여하지 못하는 학생들로 몸살을 앓습니다. 사랑과 존중으로 서로를 돌보는 것을 기대하는 것이 무리일까요? 안타깝게도 우리는 학교에서 한 사람의 행위를 억측과 예단으로 규정하고 대화가 실종된 비인격적인 사법 절차로 처리하고야 말겠다는 분노에 찬 감정을 자주 목격합니다. 우리 교실은 앞으로 어떻게 중심을 잡아야 할까요? 학교에서 정의를 가르친다는 것이 가능할까요? 이쯤해서 체사레 보네사나 디 베카리아(Cesare Bonesana di Beccaria, 1738년~1794년)를 소개하겠습니다. 베카리아는 18세기 이탈리아의 범죄학자, 법학자, 경제학자, 철학자였습니다.

체사레 보네사나 디 베카리아[1]

    그는 계몽주의 시대 가장 위대한 사상가 중 한 명으로 알려져 있으며, 고문과 사형을 반대하고 고전 범죄학파의 기초가 된 「범죄와 형벌」(1764)에 관한 저서로 현대 형법의 아버지, 형사 사법의 아버지로 불립니다. 이 「범죄와 형벌」을 프랑스의 사상가 볼테르(Voltaire, 1694-1778)는 '인류의 강령'이라 극찬했고, 많은 이들이 전근대적인 범죄관과 형벌체계의 야만적인 잔혹성에 맞서는 이성의 상징으로 인정했습니다. 도덕적·종교적인 '죄악'과 세속적인 '범죄'를 구분하고, 형벌의 목적을 완전히 새롭게 설정했다는 이유에서입니다. 종교적 편견과 억측으로 생사람을 잡던 야만적 행형제도에 정면으로 반

---

[1] 출처: https://images.app.goo.gl/QNQpqKJskSwizzgA7

기를 든 역사적 사건이었습니다. 당시에는 종교적 죄악과 일반 범죄가 구분되지 않았습니다. 따라서 도덕적·종교적 죄악에 따른 형벌 역시 고문과 사형이 쉽게 집행되던 시대였습니다. 이때 베카리아(Beccaria)는 소위 'sin'과 'crime'의 경계를 분명하게 설정하여 '죄형법정주의'를 만들어냅니다. '법률이 없으면 범죄도 없고 형벌도 없다(Nullum crimen, nulla poena sine lege.).'는 말입니다. 아무리 괘씸한 범죄자라 할지라도 국가는 피고인에게 법률에 정해진 형을 초과하는, 또는 더 무거운 형을 선고할 수는 없다는 것입니다. 이는 도덕적·종교적 죄악에 대한 개인적 책임이 일반 형법에 준하는 형태로 처벌되던 당시 악습을 끊어내는, 형법 역사상 혁명적인 발상이었습니다. 종교는 종교법, 형법은 형법에 따른 벌칙을 집행하면 되는 것이지요.

 이러한 의미에서 베카리아는 지금 우리 시대 학교에서 벌어지고 있는 '법화사회'의 풍경을 다시 재고하라고 요청합니다. 법화사회란 교육은 물론 사회 여러 영역에 법률이 침투하는 현상을 말합니다. 학교는 학교폭력을 법적 절차에 따라 해결하면서 편리함을 경험하지만 동시에 교육자로서 회의에 빠질 때가 많습니다. 법적 절차가 계속 강화되는 과정에서 교육적 자율성이 위축되고 학교가 교육 공간이 아닌 사법 공간으로 변하기 때문입니다. 베카리아의 지적대로

라면 sin의 범주를 crime의 영역으로 옮겨 다루고 있는 것입니다. 교육의 울타리 안에서 다뤄야 할 도덕적 가치를 무시하고 감정적 응징과 복수심을 따라 사법 절차를 고집한다면 그 누가 교실을 안전하다고 하겠습니까? 우리는 지금 교육의 주체인 교사, 학습의 주체인 학생, 돌봄의 주체인 학부모가 과연 안전한 교육 공동체를 이룰 수 있을지 걱정되는 시대를 살고 있습니다.

학교에서 발생한 문제를 해결하는 과정에 비인격적 처벌과 응보적 사법으로 처리되는 일이 당연해서는 안 됩니다. 오히려 각자의 숨은 의도와 깊은 생각이 사람에 대한 이해와 함께 어우러져 더 튼실한 관계를 만들어내고, 마침내 모두 온전함의 길을 걷도록 안내하는 '사랑의 관계' 그 자체여야 합니다. 교사, 학생, 학부모가 공동체로 연결된다는 것을 어느 누가 기득권을 쥐거나 방어한다는 것으로 치부돼서는 안 되는 이유이지요. 그래서 학교의 주체적이고 정의로운 대화는 관점의 변화를 위한 구성원들의 고된 연습과 훈련을 동반합니다. 이 책은 바로 이러한 연습을 시작할 수 있도록 동기부여를 드리게 될 것입니다.

| 교사는 교실에서 Cure 할 것인가, Care 할 것인가? |

> · Cure: 치료, 회복, 치유, 해결책, ~을 치료하다. ~을 고치다.
> · Care: 돌봄, 걱정, 근심, 관심사, 보살피다, 마음쓰다, 관리하다, 돌보다.

　교사가 학생을 '가르친다는 것'은 어떠한 성격을 지닌 것일까요? 여러 층위로 설명할 수 있겠지만 오늘을 사는 우리 사회로 연결하여 질문하자면, Cure인가, Care인가입니다. 치유와 돌봄, 두 단어 사이 알파벳 'u'가 'a'로 바뀐 것밖에 없는데 그 의미는 상당히 달라집니다. 학급에서 학생을 대하는 교사의 태도를 집약하면 Care라고 할 수 있습니다. 그런데 때론 우리 사회에서 교사에게 Cure를 요구하기도 합니다. 학생들이 학교에서 온전한 교육의 본질을 만나는 것이 합당하더라도 아이가 지닌 근본적 문제를 치유하는 데에는 수많은 과정이 필요합니다. 이것을 학교에서 교사 혼자 담당하는 것은 어렵습니다. 돌봄의 가치가 정의롭게 적용되지 않을 때 대중은 학교에 '치료' 수준의 변화를 요구합니다. 학교에서 발생하는 일반적인 위기 상황인, '교권 침해-아동학대-학교폭력의 악순환'은 바로 이러한 딜레마가 작용하면서 왜곡되는 현상이기도 합니다. 그래서 회복적 생활교육 실천을 학생에게 벌어진 문제해결 과정에 집중하는 솔루션 프로그램만으로 이해하는 순간, 관계의 외곽에서 발생하는 어려움은 고스

란히 학교가 풀지 못하는 숙제가 되고 마는 것이지요. 회복적 생활교육은 사법에서 시작된 회복적 정의 패러다임에 기초하지만, 문제해결 과정만을 의미하진 않습니다. 사실 문제해결만을 목적으로 한다면 평소 교사와 학생들이 서로를 배려하고 사랑하는 마음이 통용되는 학급에서는 굳이 회복적 생활교육의 '회복적 질문' 기법이 아니더라도 문제 자체가 일어나지 않는 경우도 많습니다. 그래서 회복적 생활교육은 평화교육과 연결되어 진실과 정의, 자비와 긍휼, 평화와 화해를 익힐 수 있는 과정으로 넓혀져야 합니다. 이러한 회복적 생활교육의 확장된 범주 위에서 '돌봄'을 사유할 수 있습니다. 그간 배려로 인식되던 '돌봄'의 의미는 '돌봄 민주주의', '돌봄 국가', '돌봄 교육' 등의 용어들이 등장하면서 윤리적 용어가 되었습니다. 그럼 이제 회복적 생활교육 차원에서 돌봄을 좀 더 자세하게 풀어 보겠습니다.

    교실에서 학생을 만나는 매 순간은 돌봄을 동반한 교육 행위입니다. 돌봄이라는 용어는 물리적으로 학생들을 보살피는 것만을 의미하지 않습니다. 'care'는 팬데믹 등 거대한 사회적 혼란을 거치면서 개인에게 부과된 특정 역할의 범위를 넘어서서 사회적인 접근 방식으로 전환되어야 한다는 인식이 확산하였습니다. 그래서 수업은 돌봄의 윤리가 적용되는 공간으로 인식해야 하며, 이를 도덕적 관념에 그치지 않고 직접적으로 적용하고 실천할 때 학생과 교사, 학생과 학생들 간에 서로 돌보는 관계가 형성될 수 있습니다. 돌봄의 윤리로 저명한 학자 나딩스(Nell Noddings)는 개인의 독립성, 자율성, 공정성 등의 이성 중심의 패러다임이 인간을 원자화시키고 분절하여 인간 소외 현상을 더욱 가속화 한다고 비판하고 있습니다. 그래서 공동체가 구성원들의 관계와 상호의존성에 의해 사회적으로 구성되듯, 학교 공동체 역시 구성원들의 고유한 이해와 실천, 돌봄과 헌신, 협력과 신뢰라는 관계적 기반 위에 형성되어야 함을 주창합니다. 학생들이 상호작용하며 관계를 맺고, 문제를 해결하고 하나의 집단으로 성장하기 위하여 돌봄 공동체로 발돋움해야 할 필요가 있는 것입니다.

그런데 돌보는 관계는 일 방향적인 가르침의 관계가 아니라 순환적이고 쌍방향적인 관계로 형성됩니다. 돌봄이란 돌봄을 받는 사람의 반응이 있어야만 비로소 완성되기 때문입니다. 이는 돌봄 과정이 구성원들 모두의 자발적 책임 의식에 따른 윤리적 관계를 통해 이루어지는 것을 말합니다. 학급에서 돌봄의 책임은 참여하는 교사와 학생, 학부모 모두의 윤리적 관계망을 통해 이루어지는 것이지요. 윤리적 관계망이란 진실에 기반을 두고 정의롭게 추구되는 관계를 말합니다.

이러한 의미에서 마치 교사에게 돌봄 행위의 모든 것이 집약되어 있다고 여긴다면 학생과 학부모가 책임져야 할 참여와 신뢰 영역에 대한 오해가 생길 수 있습니다. 학생과 학부모가 수동적인 입장이 되고 마는 것이지요. 그동안 교실에서 학생은 가르침에 순응하는 형태로 '돌봄'을 받아 왔습니다. 그러나 본래 학생은 공동체 구성원으로서 자신의 역할에 대한 책임을 배우고 익히며 함께 하는 교사와 학생들 모두와 돌봄으로 연결되도록 노력해야 합니다. 돌봄 윤리의 관점에서 보면, 돌봄의 적절하고 특정한 형태는 모든 관계 속에서 발견되고 실천되어야 하므로 학교는 학생들의 학문적 성취에만 초점 두지 않고 정의, 도덕을 포함한 성장과 발달을 도모해야 합니다. '서로 배움'은 '서로 돌봄'과 분리되지 않아야 하지요.

따라서 돌봄 윤리의 원리는 우리 사회 공교육의 모습과 위치를 다시금 성찰하는 것으로 연결할 수 있습니다. 학생은 교사를 모델링(modeling)하고, 교사는 사회적 지원 속에서 돌봄의 본질을 수업 속에서 구현할 수 있어야 합니다. 이러한 본질에 대한 관심이 쌓일 때 학생들이 학교 수업에서 자신, 타인, 생태환경, 전지구적 존재를 대상으로 용서와 화해, 존엄과 존중을 실천적으로 배우고 자기에 대한 돌봄, 타인에 대한 돌봄, 낯선 타인에 대한 돌봄, 생명과 환경에 대한 돌봄, 사물과 도구에 돌봄, 사상(ideas)에 대한 돌봄으로 성장할 수 있습니다.

이처럼 이 책은 회복적 생활교육이 지닌 자발적 책임의 영역이 돌봄의 윤리와 연결되고 있음을 드러내고자 합니다. 수많은 학급 관계와 그 속에서 발생하는 갈등, 문제들을 대하는 '기본적인 토대'가 서로 연결되어 있음을 확인하고 진실함, 정의로움, 자비와 긍휼이어야 하며, 이러한 요소가 연동하는 가운데 수업이 이루어져야 하기 때문입니다. 따라서 이 책을 통해 회복적 생활교육이 돌봄 윤리를 배우고 익히는 과정으로 여러분 곁에 존재하길 바랍니다.

1부. 학교 가는 길에서 만난 사람들

당신이라면 어떻게 하시겠습니까?

1장. 아이와 아빠의 선택

늦은 밤, 아이가 잠을 뒤척였습니다. 아이 아빠는 무슨 일인가 걱정되어 슬며시 물었습니다.

"잠을 못 자네? 무슨 일 있어?"

한참 머뭇거리던 아이가 어렵게 말을 꺼냈습니다.

"아빠, 나 왕따 당하는 것 같아."

"왕따라니, 갑자기 무슨 말이야?"

'왕따'란 말에 당황한 아빠에게 아이는 울먹이며 말문을 엽니다.

"전에도 조금 그랬는데, 이젠 놀 때 나 혼자 있어야 해. 애들이 나랑 안 놀아."

아이 아빠는 겨우 초등학교 3학년인 어린 자녀의 심각한 고민에 마음이 안타까웠습니다. 그래서 가장 먼저, 아이의 상황과 감정을 헤아리며 공감해주고 싶었습니다.

"왕따 된 것 같아 마음이 너무 상했구나! 그 일, 조금 더 자세히 말해 줄 수 있어?"

"교실에서 벼룩시장 하던 날, 모둠별로 팀을 짜서 물건을 팔았는데 내가 가지고 간 딱지를 모둠 애들이 내 허락 없이 다 팔아버렸어. 그래서 나는 팔 물건이 갑자기 하나도 없게 돼서 기분이 나빴어. 벼룩시장 끝난 다음엔 딱지를 사 간 아이들이 딱지놀이에 나를 끼워주지도 않고 자기들끼리만 놀았어. 나도 끼워달라고 했는데, 아주 안 좋은 딱지 하나만 던져주고는 '저리 가!'라고 해서 너무 화가 났어."

"저런! 친구들이 끼워주지 않다니! 아빠도 맘이 상하네! 그날 이후 어떻게 지냈어?"

"중간놀이 시간이 제일 문제인데, 왜냐면 그때마다 혼자 있으니까, 수업 땐 친구들과 모둠으로 해서 큰 문제는 없었어."

아이는 이야기를 하며 마침내 흐느꼈습니다. 아이 아빠는 우는 자녀를 보듬어 달래며 이 문제를 어떻게 해결하면 좋을지 천천히 대화를 계속했습니다.

우리는 대개 갈등과 분쟁을 만나면 어떤 방식으로 푸는 게 좋을지 연습해 본 적이 없습니다. 그러다 보니 문제에 접근하는 방식을 제각각 만듭니다. 그 과정에서 분쟁을 더 키우기도 하고 멀쩡했던 관계를 훼손시키기도 하지요. 제각기 만든 문제해결 방법은 대체로 문제의 당사자 개인의 경험이 해석의 근원으로 작용하기 때문에 타인, 즉 상대방에게 쉽게 받아들여지지 않을 때가 많습니다.

어떻게 해야 훼손된 관계를 복구하고 온전한 회복을 가져올까요? '회복적' 정의는 갈등과 분쟁이 생겼을 때, 피해를 일으킨 가해자를 처벌하는 것으로 문제가 된 사건을 종결시키는 종전의 '응보적' 방식이 아니라 피해자의 온전한 피해회복을 위해 갈등과 분쟁의 당사자들이 함께 참여하여 각자의 입장을 나누고 자발적 책임과 관계회복을 위한 대안을 찾기 위해 대화하는 것을 전제로 합니다.

이 사례 속 아이 아빠는 자녀와 대화한 다음 날, 아이의 담임선생님과 논의한 후 자녀를 데리고 학교를 방문하였습니다. 그 자리에서 아이는 자신에게 어떤 피해가 있었는지 담담하게 말했고, 그 피해에 영향을 받은 사람들이 누구인지, 해결하기 위해 어떤 과정이 필요한지 구체적인 대화를 나누었습니다. 이 대화로 아이의 학교생활이 확연히 달라지지는 않았지만, 서로 갈등할 때 어떻게 해결해야 하는지 배울 수 있는 좋은 계기가 되었습니다.

> ○ 생각 나눔 ○
>
> 질문 1. 당신은 흐느끼는 아이에게 어떤 말을 해 주시겠습니까?
>
> 질문 2. 당신은 아이의 선생님과 어떤 대화를 나누시겠습니까?
>
> 질문 3. 당신이 교사라면 문제해결을 위해 어떤 과정을 만드시겠습니까?

2장. 평화를 선택한다는 것은 고통스러운 것일까?

일상은 언제나 선택의 기로를 맞습니다. 자극을 받으면 반응하는 것처럼 우리의 몸과 감정은 매번 일정한 흐름을 유지하며 '선택의 과정'을 반복합니다.

교사와 부모는, 아이와 어떤 자극을 주고받고 어떤 선택을 할지 생각하는 사람들입니다. 그들은 여러 빛깔의 '선택'의 스펙트럼을 함께 만들고 있는지, 선택을 고민하지 않고 획일화된 생활양식으로 굳어 가고 있는지를 종종 살핍니다. 그러다 어떤 사건이 벌어지거나 문제 상황을 만날 때면 그 '선택'의 스펙트럼 색깔은 더욱 선명하게 드러나지요.

제가 어느 초등학교 선생님의 사건을 조정한 적이 있습니다. 그 교사는 학부모와 분쟁이 생겨 심각한 피해를 입었는데, 사실 문제가 된 사건과는 아무런 관련이 없는데도 자신의 의지와는 관계없이 분쟁 당사자가 되어 있어 몹시도 억울하고 답답해했습니다. 상대 당사자인 학부모의 말을 들어보니 이렇게까지 문제가 불거진 데는 그만한 이유가 있었습니다. 학부모의 아이가 친구네서 게임을 하고 싶은 마음에 엄마에게는 선생님을 만나러 간다고 했던 겁니다. 게임에 정신이 팔려 늦게 귀가한 아이는 엄마가 무서워 거짓말을 둘러대다 계속된 엄마의 추궁에 선생님에게 폭행을 당했다며 거짓 사건을 만들고 말았습니다. 아이 말을 곧이곧대로 듣고 놀란 엄마는 곧바로 경찰에 신고했고, 그 바람에 담임교사는 졸지에 학생을 폭행한 교사로 손가락질 받았습니다.

자신의 거짓말로 사태가 심각해진 것을 깨달은 아이는 엄마에게 솔직히 말하고 아빠에게는 엄마를 말려달라고 부탁했지만, 엄마는 아이가 겁을 먹어 진실을 말하지 않는 거라고 굳게 믿고 자신의 입장을 굽히지 않았습니다.

이런 사태를 속히 수습하고 싶었던 아빠는 곧바로 학교에 자초지종을 말하고 용서를 구했습니다. 하지만 이미 여러 날 경찰 조사를 받던 선생님은 삶의 가장 밑바닥, 깊은 수렁에서 수치심과 좌절의 아픔을 겪던 터라 아이 아빠의 사과와 해명에도 마음이 진정되지 않았습니다.

학교는 문제를 해결하고자 당사자들에게 '회복적 대화모임'을 권했습니다. 대화모임에는 피해를 입은 선생님과 가족, 선생님을 신고했던 엄마와 아빠, 아이, 조사를 담당했던 경찰관, 동료 교사들이 참석했습니다.

대화모임을 시작하기 전 사전모임을 진행하면서 선생님에게 심정을 물었는데 그분의 고통스런 감정은 극에 달해 있었습니다.
"어떻게든 이 억울한 마음을 풀고 싶은데……, 사실은 똑같이 해주고 싶어요. 제가 당한 것처럼 그쪽도 겪어보게 하고 싶은 마음입니다."

당연히 피해자의 마음이 이해되었지만 억울한 마음을 풀고 사건을 분명하게 해결해 나가기 위해서는 먼저 진실을 수면 위에 올려놓는 것이 최우선임을 생각했습니다. 대화가 진행될수록 사건의 실체가 분명히 드러났습니다. 오가는 대화 속에서 선생님은 자신이 얼마나 고통스러우며, 이 일이 자신에게 얼마나 큰 영향을 끼치고 삶을 파괴 시켰는지 절절하게 말했습니다. 상대측인 아이 엄마 역시 자신이 의심했던 이유들을 자세히 말했고, 시간이 흐르자 자신이 자식을 믿지 못해 사건이 이렇게 커지게 되었다며 선생님께 했던 본인의 처사를 후회했습니다. 그러나 가해 행위를 한 사람이 후회하고 반성한 건 다행이지만, 피해자인 선생님과 예전 관계로 회복하기는 어려웠습니다. 그런데 진실이 밝혀진 뒤 피해를 회복하기 위해 어떠한 책임을 져야 할 것인지 양측이 대화를 진행하자 피해를 입은 선생님의 마음은 조금씩 누그러졌습니다. 그리고 대화의 흐름 역시 변화되었습니다.

어떻게 흐름이 바뀔 수 있었을까요? 그것은 응징하고 싶은 마음이 들었을 때, 다른 방향에서 해결 과정을 선택할 수도 있다는 생각으로 선생님의 관점이 바뀌었기 때문입니다. 선생님은 극도로 고통스럽더라도 타인을 응징하기보다 자신의 평화를 위해 상대의 입장을 이해하며 '대화를 통한 평화'를 선택했습니다. 선생님의 그 선택은 학교 안에서 평화 감수성을 높여왔던 단단한 의지가 빛을 보는 순간이기도 했습니다.

"피해를 회복하기 위해 어떡해야 하나 막연했지만, 제가 하고 싶던 말을 진실하게 다 드러내고, 관계 회복을 위해 반드시 책임질 것을 함께 논의할 수 있어서 이 대화모임이 감사했습니다. 이제 마음 편하게 지낼 수 있을 것 같아요."

소감을 묻는 조정자에게 선생님은 그렇게 담담하게 답했습니다. 또한 아이 부모는 죄송하다며, 선생님의 피해 회복을 위해 책임을 다하겠다고 약속했습니다.

이처럼 회복적 정의는 문제해결을 위해 서로 다른 선택의 갈래에 놓였을 때 실질적 회복의 길을 제시해줍니다. 우리가 겪는 갈등은 삶 속에서 언제나 존재하는 것이지만, 갈등을 풀어나가는 방법은 갈등에 직면한 사람이 지닌 관점에 의해 선택됩니다.

  부모와 자녀의 관계에서도 갈등 요소는 늘 존재합니다. 부모가 아이에게 자극을 주는 것이든 외부 자극에 의한 것이든 자신의 반응을 선택해야 할 때, 평화를 선택할 수 있는 것은 평소 얼마나 연습했는가가 좌우합니다. 아이가 문제를 일으켰거나 당했을 때, 부모가 그 문제 자체를 불쾌하게 여긴 나머지 큰소리로 화만 낸다면 아이는 해결 과정을 스스로 선택하는 연습을 못하고 수동적이 되어 문제를 있는 그대로 받아들이지 못합니다.

  평화를 선택하는 힘, '회복적 정의'를 이루기 위해서는 평화의 과정을 만들어야 합니다. 이 과정은 먼저, 안전한 공간에서 서로 자유롭게 이야기를 나눌 기회를 만드는 겁니다. 대화할 때는 온전하게 대화가 진행되도록 상대를 충분히 공감하고 존중하는 것이 기본적인 '정의의 과정'입니다. 문제해결을 위한 결론은 나중에 내더라도 결코 늦지 않습니다. 물론 평화를 선택하는 것은 절대 쉬운 일이 아닙니다. 하지만 평화롭게 회복적 정의의 과정을 만드는 것이야말로 자신의 상처에서 벗어날 수 있는 선택이며, 타인과 새롭게 연결하도록 돕는 '선물'임을 기억해야 합니다. 우리는 이것을 앞서 언급한 선생님과 학부모의 사례에서 보았습니다. 회복적 대화모임에서 평화로운 선택을 하신 선생님께 거듭 존경의 마음을 드립니다.

○ 생각 나눔 ○

질문 1. 당신이 문제를 겪는 교사라면 어떤 감정이 들겠습니까?

질문 2. 교사 혹은 학부모인 당신은 누구에게 도움을 요청하시겠습니까?

질문 3. 위 사건의 해결을 위해 우선하여 필요한 것은 무엇이라고 생각합니까?

3장. 내가 사건의 당사자가 되었을 때

강의를 마치고 나오는데 한 참가자가 저를 붙들고 이야기를 시작합니다. 중학생인 자녀가 학급에서 따돌림을 당하는 것 같은데 마음이 너무 아파서 학교 선생님께 말씀을 드렸더니 알아서 조치를 취하시겠다고 했답니다. 그런데 나중에 보니 그게 자기 아이를 가운데 두고 역할극을 하는 거였답니다. 아이는 그 역할극의 중심에서 다시금 수치심을 느끼고는 괜히 일을 크게 만들었다며 엄마를 원망하고 학교 가기를 거부하는 데 이를 어쩌면 좋겠냐며 하소연을 했습니다. 듣고 나니 선생님과 엄마가 아이들 문제를 해결해 보겠다고 나섰는데 결과가 좋지 않은 상황이 되어버려 안타까웠습니다.

어떤 문제의 당사자가 되었을 때 우리는 어떻게 해결해 나가야 할지 연습해 본 적이 없어서 원만하게 문제를 해결해 나가기보다 사건을 더 복잡하게 만들거나 폭력적인 경향으로 흐르게 할 때가 있습니다. '피해자', '가해자'라는 말이 나오는 순간, 상황은 더욱 어려운 지경으로 치닫게 되지요. 사건으로 인해 생겨난 상처가 서로의 듣는 '귀'를 왜곡시켜 내가 '아'라고 얘기해도 상대는 '어'라고 반응하기 일쑤입니다. 그래서 직접 대화하면서 풀려고 해도 자꾸만 오해가 쌓이곤 해 그 진심이 통하는 것이 만만치 않을 때가 많습니다.

회복적 정의 강의를 듣던 한 분이, '자기 자신이 문제의 당사자가 되었을 때 누군가가 개입해 주지 않는다면 자신은 어떤 선택을 하는 게 좋겠느냐'고 물었습니다.

어느 날 그 분의 초등학생 딸이 집에 돌아와서는 학교에 가기 싫다고 했답니다. 무슨 일 때문에 그러냐니까, 같은 반 한 남자아이가 자신에게 계속 잔소리하고, 물건을 빌려 가서는 돌려주지 않고, 옷도 잡아당긴다고 했답니다. 그만하라고 해도 그 행동을 멈추지 않고, 선생님께 말씀드려도 그때뿐이라며 아이는 울면서 엄마에게 하소연을 하더랍니다. 엄마는 아이에게 자초지종을 듣고, 선생님과 전화 통화를 했습니다. 아이가 그렇게 힘들어하는 줄 몰랐다는 선생님의 목소리를 뒤로하고 남자아이 엄마의 연락처를 수소문해서 통화를 했답니다. 남자아이 엄마는 같은 반 학부모여서인지 친근하게 대하며 그런 일이 있었는지 몰랐으니 아이와 대화하고 다시 연락하겠다고 했습니다. 몇 시간 후 그 엄마에게 연락이 왔습니다. 그런데 처음 통화했을 때와는 다른 어조와 분위기로 당황스러운 말을 했답니다. 자기 아이와 얘기해보니, 남자아이들은 다 그렇게 논다고 했다며 그러니 자기 아이만의 문제가 아닌 것 같다고 하더랍니다. 그러면서 덧붙이는 말이 '혹시 그쪽 딸아이가 반 친구들의 장난을 너무 예민하게 받아들이는 것 아닌가 하는 생각까지 드네요.'라고 했답니다.

통화를 마친 딸아이 엄마는 상대 엄마의 달라진 태도에 분노가 치밀어 올랐습니다. 그래서 대화가 되지 않으니 법으로 해결하고 싶었답니다. 하지만 아이들의 문제를 더 크게 만드는 것 같아 마음을 누그러뜨렸습니다. 그러면서 자신이 회복적 정의를 공부한다는 게 어떤 의미일지 생각했다고 합니다. 상대가 반응하지 않을 때, 그리고 공동체가 문제의 근본적 원인에 접근하려 하지 않을 때 과연 회복적 정의의 가치를 실현할 수 있을지도 의문이 든다는 말도 했습니다.

회복적 정의는 분쟁 시 대화로 문제를 해결하기 위해 제3자가 개입하는 것만 의미하지 않습니다. 응보적 정의가 처벌로써 가해자를 통제하고 변화를 유도하는 것과는 달리 회복적 정의는 가해자와 공동체가 피해자의 피해 복구 노력을 함께 하여 관계를 재설계하고 평화로운 공동체를 세워가려는 목표를 지니고 있습니다. 여기에는 분명한 '과정'이 만들어지게 되지요. 피해를 직면해야 하는 과정, 훼손된 관계를 복원하기 위한 자발적 책임의 과정, 관계 회복을 위해 공동체가 함께 노력해야 하는 과정이 뒤따라야 합니다. 하지만 이 모든 과정이 처음부터 준비된 상태에서 시작되진 않습니다. 서로가 다른 입장이기도 하지만, 결과적으로 처벌을 받아야 할 사람을 찾는 응보적 접근이 사회적으로 익숙한 정의의 방식처럼 굳어지다 보니 서로가 함께 만들어가야 할 과정이 무엇인지 깨닫지 못할 때도 많습니다. 그래서 하나하나 과정을 만들어가는 것이 필요합니다.

딸이 괴롭힘을 당한다고 들은 엄마는 스스로 회복의 과정을 만들어 보기로 했습니다. 우선은 아이의 마음을 다독이고 공감하면서 아이가 안전하게 문제해결 과정에 참여할 수 있는지 확인하고, 선생님께 양쪽의 아이들과 부모가 함께 만나 이 문제를 풀어갈 수 있도록 자리를 마련해 달라고 부탁했습니다. 물론 어른들은 분쟁의 당사자로 나서기보다 아이들 스스로 문제를 바로잡을 수 있도록 돕는 조력자의 역할을 하는 것이지요. 처음에는 부담스러워하던 선생님도 근본적인 생활교육의 필요성을 이해하시고는 학교폭력 사안으로 처리하거나 서로 간에 껄끄러운 분위기로 남겨지지 않도록 직접 마주하는 자리를 마련하기로 했습니다.

역할극에서 수치심을 느꼈던 아이 역시 회복적 정의를 공부한 엄마의 도움으로 새로운 과정을 수용했습니다. 이 경험으로 아이는 자신의 문제를 스스로 알아차리게 되었고, 친구들의 의견도 들으면서 자존감을 회복해 가는 시간을 얻게 되었다고 합니다.

우리의 문제는 우리가 어떤 출발의 위치에 설 것인가에 있습니다. 타인의 변화를 기대하고 기다릴 수도 있고, 여러 도움이 필요한 순간들도 분명 있습니다. 그리고 내가 문제의 당사자가 되었을 때 타인의 반응에 의해 내 입장을 정해야 하는 고통스러운 일을 경험할 수도 있습니다. 그러나 누군가는 새롭게 시작해야 합니다. 그것이 회복의 본래 의미인 원상회복의 '완성도'에는 한없이 부족한 모습일지라도 회복을 향한 방향을 지닌 사람은 그 과정에서 자신의 자율성과 자기 통제권을 복구해 나갈 수 있기에 새롭게 시작하라는 겁니다.

법원에서 만난 분쟁 당사자들 가운데 '화해권고기일'에 서로 만나 대화모임을 했는데도 화해나 합의에 이르지 못한 사람들이 있습니다. 그런데 대화모임의 결과가 만족스럽지 않았더라도 몇 주 후에 그들에게 연락해보면 대부분은 그 과정 자체가 자신을 살린, 의미 있는 시작이었다고 말합니다. 이전에 겪은 사건에 지배받지 않고 새로운 생활을 시작할 수 있게 마음 정리가 된 시간이었다는 말이지요. 누구나 회복의 출발선에 설 수 있습니다. 평화와 화해를 향한 출발선, 그것이 지금 내 삶의 과정에서 시작될 수 있습니다.

○ 생각 나눔 ○

질문 1. 당신의 본마음이 제대로 전달되지 않아 힘들었던 기억이 있습니까? 그때 어떻게 대처하셨나요?

질문 2. 동료교사나 학부모가 내 말과 마음을 왜곡할 때 어떻게 대처하시겠습니까?

질문 3. 내가 생각하는 회복적 정의란 무엇입니까?

2부. 학교 정문을 들어서며 생각한 것들

학교에서 어떻게 관계를 배울 수 있을까?

1장. 관계의 나침반, 회복적 생활교육

회복적 생활교육은 회복적 정의의 원리를 반영한 교육철학이며 교육과정입니다. 회복적 정의의 처음 시작은 사법 현장이었습니다. 역사적으로 사법제도가 생겨난 이래 보통은 법을 위반한 가해자에게 징벌을 내리는 응보적 접근, 인과 응보적인 처리가 문제를 해결하는 당연한 과정과 결과였습니다. 법을 위반했다는 것은 국가에 대항한 것으로 보았기 때문에 국가는 피해와 피해자에 대한 응보적 처벌권을 행사했고 이것으로 누구에게나 평등한 사법적 정의가 이루어지는 것으로 보았습니다. 반면 회복적 정의는 가해자가 피해자의 고통에 마주하고 책임지고자 하는 낯선 접근 방식에서 출발합니다. 문제를 일으킨 사람이 어떠한 문제를 일으켰고, 누가 피해와 영향을 받았는지 확인하여 가해 당사자가 피해자에 대해 자발적으로 책임을 지는 과정을 밟는 것입니다. 가해자가 적극적으로 피해자와 피해 상황을 복구하는 과정이 정의를 세우는 기본 원칙으로 작동합니다. 그래서 이 두 종류의 정의 패러다임은 어느 쪽이 옳은 것이라기보다 서로 양립하여 상호 보완적 성격을 갖게 됩니다. 어쩌면 가해 당사자 입장에서는 제3자인 처벌권자에게 처벌을 받고 마무리 짓는 것보다 회복적 정의의 과정을 수행하는 것이 훨씬 더 어려운 과제일 수 있습니다. 직접 직면하여 공동체와 소통하는 것은 그리 쉬운 문제가 아니기 때문입니다.

이러한 회복적 정의를 바탕으로 학생 생활교육에 적용하고 실천하기 위한 접근 방식이 '회복적 생활교육'입니다. 회복적 생활교육, 영문으로 'Restorative Discipline'이 처음 알려질 때 우리나라에서는 '회복적 생활지도'라고 사용되었습니다. 그러나 '지도'의 개념이 수직적이고 권력적 구조가 포함되어있는 용어임을 발견한 교사들이 '지도'를 '교육'으로 변경하여 사용합니다. 교육에 진정성을 지닌 이들의 소중한 발견이라고 할 수 있습니다.

회복적 정의 패러다임을 기본 철학으로 품고 있는 회복적 생활교육은 관계 중심으로 문제를 해결하고, 평화 공동체를 세워나갈 관계의 핵심 요소로 존중과 신뢰, 공감을 꼽습니다. 문제를 해결하는 것보다 신뢰 속에서 관계를 형성하고, 그러한 공동체의 바탕 위에서 구성원들에게 영향을 끼치는 이슈와 쟁점을 다루며, 깨어진 관계를 다시 복구해야 하는 문제 상황에서 갈등을 다른 패러다임으로 전환하여 접근하는 것입니다. 갈등이 성장의 기회가 되는 것이지요. 그래서 회복적 생활교육은 '관계의 나침반'이라고도 말합니다. 왜냐하면 이 교육이 우리 공동체 혹은 교실에서 관계의 현재 방향이 어느 쪽을 가리키는지 판별할 수 있는 '바로미터'가 될 수 있으며, 실제 회복하는 쪽이 어느 방향인지 선택할 수 있는 중심축이 되기 때문입니다.

2장. 관계 형성과 관계 회복의 모형

우리 학급의 신뢰는 언제, 어떻게 생겨날까요? 공동체가 약속을 지킬 때입니다. 약속을 지킬 때마다 구성원들은 서로를 향한 신뢰가 높아집니다. 약속 하나하나를 지킬 때마다 신뢰는 산소가 우리 몸을 돌 듯 공동체 구성원들의 마음과 구조를 순환하여 공동체에 하나씩 쌓입니다. 신뢰가 쌓이면 공동체 관계의 순환구조가 변화하게 되는 것이지요. 이것을 영어로 표현하면 'Trust Cord'가 'Trust Building Cycle'로 되는 겁니다.

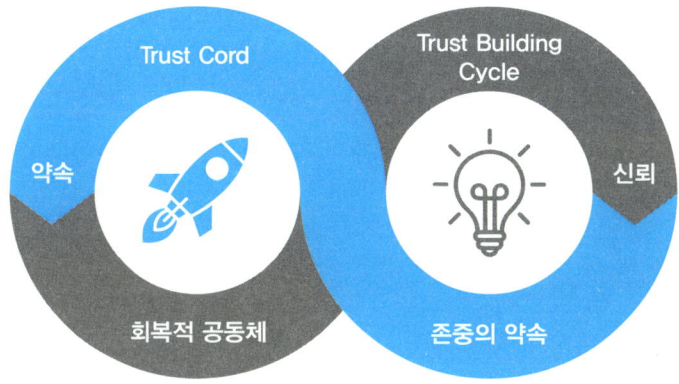

    회복적 생활교육이 이루어지는 교실은 서로를 향한 약속이 존재합니다. 그 약속의 내용은 교사와 학생, 학생과 학생, 그리고 교사와 학부모가 서로에 대한 '관계의 거리'를 지키자는 겁니다. 서로를 존엄한 존재로 대하고, 교실에서 친구 관계를 훼손하는 신체적 접촉이나 언어를 사용하지 않는 것을 기본 언행으로 할 뿐만 아니라 또래 집단의 관계가 따돌림 등 폐쇄적인 폭력 문화로 변질되지 않게 하는 구조를 만들고 그것을 문화로 정착시키는 것까지 포함합니다.

    사실 이러한 관계의 거리를 지키는 존중의 약속이 제대로 작동되기까지는 학급 구성원들의 많은 대화와 연습이 필요합니다. 모두가 함께 모여 토론을 거쳐 약속에 관한 합의문을 만들고 기록하여 그것을 게시판에 부착하는 것이 약속 실행의 마무리는 아닙니다. 이는 약속에 대한 일단의 시작인 것이지요. 즉 약속을 가시적으로 표현한 것뿐입니다. 이때부터 개인의 성향과 집단의 역동에 따라 신뢰의 정도, 색깔, 연결의 속성이 나타나기 시작합니다. 약속 자체로 인해 갈등이 벌어질 수도 있습니다. 그래서 약속을 정한 지 얼마 되지 않아 약속 자체를 잊어버리고 살아갈 수 있지요. 약속을 지키려면 제정하는 것보다 실행하려는 의지가 더 중요합니다. 그러기에 누군가 표출한 감각의 방향이 다른 사람에게 피해를 주고 있다면 스스로 성찰하여 행동을 바꿔 나갈 수 있게끔 돕는 구조가 있어야만 신뢰가 쌓이는 변화가 일어납니다.

회복적 생활교육은 존중을 바탕으로 한 신뢰를 공동체 관계망의 기본 토대로 여깁니다. 신뢰가 쌓이면서 정의롭고 공평한 교실을 이야기할 수 있고, 각자 자신의 이야기를 안전하게 대화로 나눌 수 있게 됩니다. 혹, 어떤 이들은 회복적 생활교육이 문제해결의 솔루션이라고 생각하기도 합니다. 사법의 흐름에서 시작된 회복적 정의를 단순히 '피해자-가해자 대화모임', '피해자-가해자 화해 프로그램' 등의 문제해결 중심으로 한정하여 생각하면서 그러한 오해가 종종 생겨났지만, 회복적 정의와 생활교육은 관계 형성에서부터 관계 회복까지의 스펙트럼을 지니고 있다는 것을 잊어서는 안 됩니다. 학교가 약속을 미리 정해 놓고 이를 지키지 않은 학생에게 처벌을 가하는 방식은 회복적 생활교육이 아닙니다. 관계의 거리를 지키기 위한 '존중의 약속'은 관계를 형성하기 위한 약속으로서, 응징하기 위한 '걸림돌'로 사용하지 않기 때문입니다.

이러한 원리를 피라미드 형태의 모형으로 설명한 사람이 캐나다 사이먼 프레이저 대학교(Simon Fraser University)의 범죄학부 교수이자 회복적 정의 센터 소장인 브랜다 모리슨(Brenda Morrison)입니다. 그녀는 교육전문가로서 회복적 공동체의 모형[2]을 아래와 같이 그리고 있습니다.

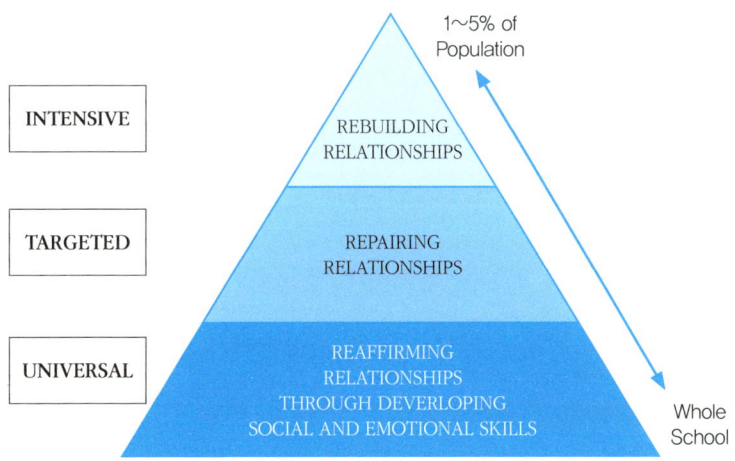

---

[2] Morrison, B. E. (2005). Persistently Safe Schools 2005: The National Conference of the hamilton fish institute on school and community violence에서 A Regulatory Pyramid of Restorative Responses to Managing Social Relationships and Behavior 도표를 재구성한 내용입니다.

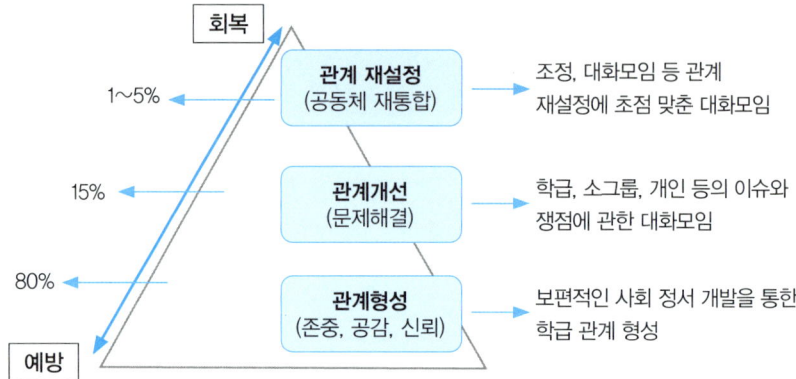

일반 학급의 인원 구성을 보면, 인구통계학적으로 거의 80%는 평범한 학생들이며, 15%는 이슈와 쟁점을 만드는 주의 대상 학생들, 나머지 1~5% 정도는 문제를 일으키는 학생들로 구성됩니다. 이러한 구도에서 교사가 집중해야 하는 대상은 문제 상황을 일으키는 1~5%의 학생들일 겁니다. 교실에서 벌어지는 문제 상황에 개입하지 않는다면 수업이 엉망이 될 테니까요. 이런 상황에서 교사가 지닌 대부분의 에너지는 문제행동을 하는 학생에게 쏠리는 경향이 생깁니다. 이런 이유로 나머지 95%의 학생들에게는 교사가 마음을 전달하거나 세세하게 신경 쓸 겨를조차 없게 됩니다.

브랜다 모리슨은 집단에게 벌어지는 사건과 문제에만 붙잡혀 옴짝달싹 못 하는 구도를 다른 방식으로 전환하라고 합니다. 80%, 15%,

1~5%의 수치를 인구 비율로 보지 말고 교사와 학생이 무엇을 해야 하는가, 어디에 에너지를 쏟아야 하는가와 같은 질문으로 바꾸라는 겁니다. 질문의 방향을 바꾸면, 80%는 학생들의 숫자가 아니라 교사와 학생들이 어디에 집중해야 하는지에 대한 지수로 바뀝니다. 교사의 노력, 수업으로 주어진 대부분의 시간을 학급의 '관계 형성'에 맞추라는 말입니다. 다시 말해 존중과 책임, 공감과 신뢰의 자리가 만들어지도록 학급 전체 학생을 대상으로 80% 이상의 힘을 기울이라는 뜻입니다. 존중과 공감, 신뢰의 문화가 만들어지는 공동체의 하부구조를 토대로 한다면, 문제가 될 만한 이슈와 쟁점에 대하여는 15%, 갈등과 분쟁에 대하여는 1~5% 정도의 에너지가 개입될 수 있다는 의미이기도 하지요. 그동안의 교실을 생각해 본다면, 상상이 되지 않는 구조일 수 있습니다. 하지만 이것은 우리가 교실에 아무 문제도 일어나지 않았을 '그때' 무엇을 해야 하는지 그 방향성을 일러주는 것으로 큰 의미가 있습니다. 선생님은 지금 어디에 집중하고 계신가요? 아무 문제도 일어나지 않고 있다면 그때가 바로, 공동체의 하부구조를 만들기 위해 '개입'할 때입니다.

3장. 회복적 교육은 평화교육이다

회복적 생활교육은 더 이상 교과과정 주변부를 맴도는 '생활교육'으로 분리되어 있지 않습니다. 그래서 이 교육은 단지 갈등을 해결할 때나 관계 형성 프로그램을 위한 기법으로서가 아니라 '회복적 교육'의 지평으로 확장되어 평화교육의 토대 위에 자리매김하고 있습니다. 이는 회복적 생활교육의 태생 자체가 한 사람의 전인적인 교육을 위한 것이기에 가능한 일입니다.

또한 회복적 생활교육에서 회복적 교육으로 변화하면서 그동안 생활교육이라고 굳어진 한정된 개념에서 벗어나 새로운 평화교육의 모형을 공유하게 되었습니다. 우리가 보통 평화교육이라고 할 때, 그 교육은 갈등을 해결할 수 있는 능력을 키우고, 폭력에 관해 거부할 수 있는 평화감수성을 높이며, 궁극적으로 함께 공존할 수 있는 관계를 만들어가는 교육을 말합니다. 평화교육의 스펙트럼이 넓다 보니 어느 것 하나를 선택해서 이야기하는 것은 무리일 수 있으나, 보편적으로 평화교육은 폭력을 최소화하고 정의를 극대화하는 전 지구적 목표를 소명으로 품고 있습니다. 그러므로 회복적 교육은 갈등과 분쟁 앞에서 회복적 정의의 패러다임의 특성을 잃어버리지 않으면서 학생들 각자가 지닌 삶의 질적인 성장을 돕는 교육으로 변화하고 있다고 해도 과언이 아닙니다.

평화사상가 고병헌 교수는 그의 책 「교육-존재가 존재에 이르는 길」에서

"사람을 교육한다는 것은 가르치는 사람과 배우는 사람 모두 배움 공동체의 일원으로서 각자의 현재 삶보다 더 깊고 성숙한 '저만치'의 삶을 지향하고, 이를 위해 가르치는 쪽은 사람과 세상에 관해, 그리고 그런 세상에서 꽃피울 인간다운 삶의 모습에 관해 보편적 관점에 서서, 배우는 사람과 같은 삶의 방향을 바라보며 그들보다 반 발, 한 발 앞에서 함께 비에 젖고 바람을 함께 견디며 살아가는 삶이다."라고 했습니다(pp. 40-41).

이처럼 회복적 생활교육은 '말'이라는 그릇에 학생을 통제하는 모든 것을 담아 놓고, 교사를 위한 기술이나 수단으로 사용되어서는 안 됩니다. 교사와 학생, 학부모 모두가 개별성을 확장하는 것을 목표로 존중의 방식을 공유하는 것이 선행되어야 하지요.

"인간의 존엄성은 궁극적으로 저마다의 개별성에 있다. 그런데 안타깝게도 우리 교육은 우리 아이들의 개별성에 무관심했다. 우리 아이들은 각기 서로 다른 모양의 꽃이다. 방해받지만 않으면 각자가 지니고 있는 개별성에 따라 그 본연의 모습을 꽃 피울 생명체이다. 그러므로 '우리 아이들은 각자의 개별성에 따라 서로 다르게 아파하면서 성장한다'라는 명제가 우

> 리 교육계에서 공명을 일으켜야 하고, 그러려면 어린 생명체의 삶에 깊은 영향을 줄 수 있는 우리 교사와 부모들이 먼저 자기가 맡은 학생들을, 자녀를 존중하는 법부터 배워야 한다."라고 했습니다(pp.52-54).

그래서 폭력에 저항하는 평화감수성을 기르는 존중의 방식을 학급 관계 속에서 연습해야 합니다. 회복적 생활교육은 회복적 교육으로 확장되고 평화교육의 토양 위에서 꽃 피워야 하는 것이지요. 또한 기성세대는 교육을 목적으로 함께 모일 때마다 일부 청소년의 비뚤어진 모습을 전체적인 하위문화로 묶어 버리는 행위를 멈춰야 합니다. 뉴스에 등장한 기사로 우리 사회 청소년의 모습을 비하해서는 안 됩니다. 명징하게 우리가 서야 할 곳을 찾아 조금씩 지혜를 모아갈 때 세상은 서서히 전환되고 변화할 것이기 때문입니다.

• 3부. 우리 교실에는 '관계공감소통'가 있다 •

관계 형성에는 연습이 필요하다

1장. 환대의 교실 만들기

회복적 생활교육은 환대의 문화를 경험하는 교실 공간을 만듭니다. 앞에서 언급했듯이 공동체 하부구조의 특징을 하나로 집약한다면 '환대'라는 단어로 표현할 수 있습니다. '환대', 'Hospitality'라는 단어는 보통 서비스업과 호텔, 외식업 분야에서 많이 사용합니다. 그만큼 찾아오는 손님에 대한 최상의 대우를 상징하는 말일 겁니다. 그런데 서비스 산업에서 쓰는 환대는 엄밀히 말하면 '조건부 환대'입니다. 돈을 지불해야 받을 수 있는 환대이기 때문입니다. 만약 돈을 지불하지 않는다면 환대를 받기는커녕 서비스를 받을 수 있는 공간에 들어갈 수도 없을 겁니다. 그러나 우리가 말하고자 하는 '환대'는 조건 없는 '무조건적인 환대'입니다. 이 무조건적인 환대는 집주인과 손님을 구분하지 않는 수평적이며 안전한 공간을 만들고, 타인을 압제하고 권력으로 질서를 잡으려 하지 않는 관계, 타인의 이름을 모르고 얼굴만 보아도 경계를 거두고 환영의 미소를 짓는 환대입니다. 이것이 가능한 일일까요? 물론 결코 쉽지 않은 일입니다. 마치 '원수를 사랑하라'는 성서의 말씀처럼 접근 거리가 멀게 느껴지는 단어일 수 있습니다. 만약 우리가 학생들이 교실에 들어와서 교사의 말에 순응하는 조건으로 그를 수용하고 있다면 조건부 환대를 하는 것입니다. '예쁜 짓을 해야 이뻐하지'라는 태도 역시 교사가 수용할 수 있는 부분에서만 가용한 환대입니다. 무조건적 환대는 인간의 존재만으로도 환영하고 수용하는 겁니다. 무척이나 어려운 일입니다. 그러나 우리의 지향점은 무조건적 환대와 온전한 평화로움 일 수 있습니다. 이런 환대를 지향하고 존재만으로도 환영하고 받는, 온전하게 삶을 나누는 교실이 생긴다는 것, 생각만 해도 마음이 따뜻해집니다.

| 서로의 이름을 불러 주세요 |

조건 없이 환대하는 교실을 만들자면, 기본적으로 거쳐야 할 과정이 있습니다. 우리의 마음을 환대의 마음으로 바꾸는 것이 가장 중요하겠지만, 그것은 먼저 연습을 많이 해야 가능한 일입니다. 환대

의 교실을 만들기 위한 첫 번째 과정은 서로의 이름을 부르는 것입니다. "야!", "너!" 같이 지목하거나 상대방이 부정적으로 부각되거나 포인트를 주는 말을 사용하지 않고 각자의 본래 이름을 부르는 것이 중요합니다. 모두들 학급에서 만난지 한두 달 후면 이름을 익히게 되지만 별명을 부르거나 이름이 생각나지 않아 겉으로 드러난 특징을 지목하는 경우도 많습니다. 특히 교과 선생님이 학생의 이름을 모를 때 직접 물어보고 불러 주시는 것이 중요합니다. "너, 거기 파란색 옷 입은 애!"라고 하지 않는 겁니다. "친구야, 선생님이 네 이름을 아직 모르는데, 이름을 알려줄 수 있을까?"라고 한 뒤 이름을 부르는 것이 필요합니다. 학생들 역시 친구들을 향해 소리를 지르며, "야!"라고 고함을 치는 등의 행위를 멈추고, 정당하게 서로의 이름을 불러야 합니다.

학급 친구들의 이름을 부를 수 있는 놀이를 소개합니다. 간단하게 할 수 있는 놀이지만 실제로 놀이를 진행해 보면 많은 학생들이 자신의 이름에 익숙하지 않다는 것을 알 수 있습니다.

이름 릴레이

① 모두가 둥글게 앉습니다.

② 진행자는 스톱워치를 준비하고 오른쪽이나 왼쪽(어느 쪽에서 시작하든 상관없음)에서 첫 순서가 될 사람을 정합니다.

③ 한 사람씩 돌아가며 릴레이로 자신의 이름을 말합니다. 보통은 성을 빼고 이름만 말하는 것이 좋습니다. "진수, 성준, 희정, 민주…" 이런 방식으로 한번 연습해 보고 그다음부터 스톱워치로 시간을 재며 놀이를 시작합니다.

④ 내 이름을 빨리 말하는 것도 중요하지만, 놀이의 초점은 돌아가며 이름을 말하는 과정에서 친구의 이름을 익히는 것이 목표라는 점을 잊지 말아야 합니다. 또한 스톱워치로 시간을 재는 것은 하나의 동기부여로서의 역할이라는 점도 기억해야 합니다.

⑤ 자신의 이름으로 릴레이를 몇 번 하고 나서는 자기 이름이 아닌 바로 전 친구의 이름을 릴레이로 외치며 경주를 계속합니다. 주의할 점은 이름을 틀리거나 실수하더라도 서로 비난하지 않는 것입니다.

> 너의 목소리를 들려줘!

안대로 눈을 가린 채 목소리를 듣는 것만으로 친구의 목소리를 알아낼 수 있을까요? 한 명만이라면 가능할 겁니다. 그러나 두세 사람의 목소리가 겹친다면 쉽게 알아차리지 못할 수 있습니다. '너의 목소리를 들려줘'는 우리 반에서 친구의 목소리를 잘 알아차릴 수 있는 사람이 누구인지 실험하는 놀이입니다. 눈으로 친구의 모습을 보면서 목소리를 듣는 것과 친구를 보지 못한 채 목소리를 듣는 것은 매우 큰 차이가 있습니다.

① 제일 먼저, 교실에서 친구의 목소리를 잘 알아차릴 것 같은 사람을 추천합니다.
② 추천받은 사람은 안대를 쓰고 자리에 앉습니다.
③ 친구들이 앉아있는 위치에 따라 목소리를 추정할 수 있기 때문에 안대를 쓰지 않은 학생들은 진행자의 신호에 따라 조용히 자리를 이동합니다.
④ 진행자는 한 사람을 선택하여 안대를 쓴 친구의 이름을 부르게 합니다. 일정한 템포를 유지하기 위해 진행자가 '하나, 둘, 셋!'을 외치면, 선택된 친구는 안대를 쓴 친구의 이름을 부릅니다.
⑤ "○○야~"라고 부르면 안대를 쓴 친구는 자신의 이름을 부른 친구의 이름을 맞혀야 합니다. 이때 잘 못 알아들었다고 하면 한 번 더 기회를 줄 수 있습니다.
⑥ 안대를 쓴 친구가 상대 이름을 맞혔다면 2단계로 넘어갑니다. 물론 누군지 알지 못했다면 안대를 벗어 확인하는 과정을 갖습니다.
⑦ 2단계부터는 '선택된 학생'이 한 명씩 추가됩니다. 1단계에서 선택받은 친구와 2단계에서 선택된 학생은 진행자의 '하나, 둘, 셋!' 하는 구령에 맞춰 동시에 안대를 쓴 친구의 이름을 부릅니다.

⑧ 안대를 쓴 친구가 계속해서 추가된 이름을 맞추면 3단계, 4단계……, 이렇게 이어지면 더 많은 친구들의 목소리가 합쳐지는 것을 경험하게 됩니다. 이때 주의할 점은 단계가 올라갈수록 추가되는 목소리의 주인공만 맞히고, 설령 이름을 맞히지 못했더라도 핀잔을 주거나 비난해서는 안 됩니다.

> 내 친구의 이름은?

이번에는 흥미진진하면서 재미있는 놀이를 소개하겠습니다. 학급 친구들이 서로의 얼굴을 확인하자마자 곧바로 상대의 이름을 불러 맞히는 놀이입니다.

① 학급 인원을 두 그룹으로 나눕니다.
② 두 그룹 사이에 큰 천을 세로로 펼쳐 서로의 움직임을 보지 못하게 가립니다.
③ 큰 천을 들고 있을 사람은 양 팀에서 한 명씩 자원하여 정합니다.
④ 두 사람이 큰 천을 들고 서 있고 다른 학생들은 가려진 천 뒤에서 누가 나올지 조용하게 의논합니다.
⑤ 양 팀은 서로 눈치채지 못하게 의논한 뒤, 각각 한 명씩 '가림천' 앞으로 바짝 다가섭니다.
⑥ 양 팀의 선수가 준비되었다면 진행자가 "하나!, 둘!, 셋!"하고 외칠 때 동시에 천을 내립니다.
⑦ 양 팀 선수는 천이 내려지면 곧바로 상대 팀 얼굴을 파악하고 이름을 외칩니다.

얼굴을 보여주지만 더 재밌게 놀기 위해 의상을 바꾸거나 안경을 쓰는 등 갖가지 분장을 할 수도 있습니다. 이때 상대 팀을 기웃거리지 않도록 주의합니다. 그러기 위해서는 천의 크기가 서로의 팀을 충분히 가릴 수 있어야 합니다.

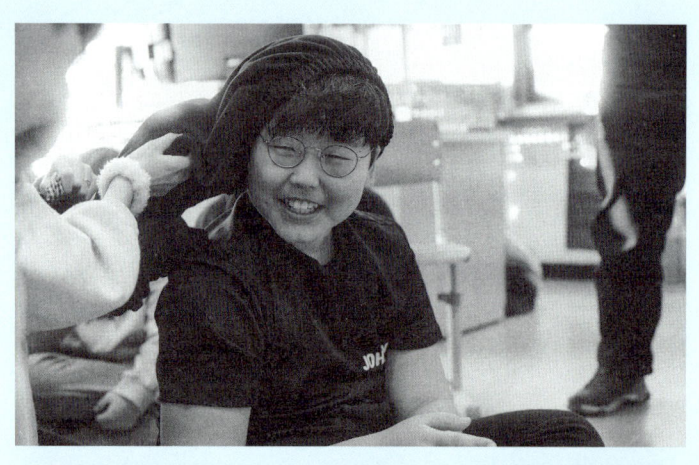

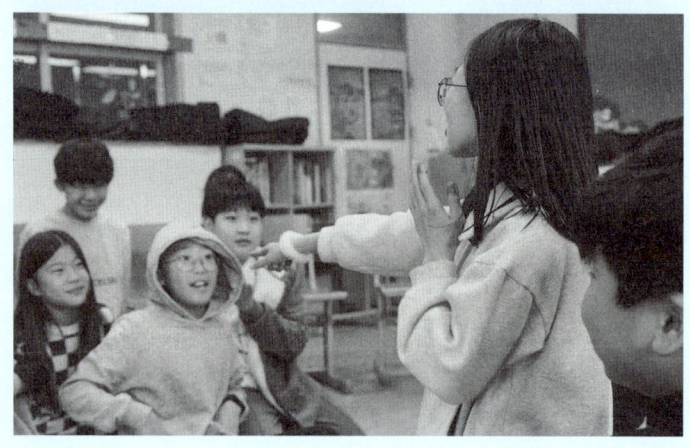

| 관계의 거리를 지켜 주세요 |

　서로 환대하는 교실을 만드는 두 번째 과정은 '관계의 거리'를 지키는 것입니다. 관계의 거리는 존중하는 방식을 실제로 연습해야 지켜집니다. 이 연습 활동은 '존중 수업'을 할 때 빠질 수 없는 주제이지요. 관계의 거리를 지키려면 다른 사람과 어느 정도의 거리를 유지해야 안전할 수 있는지 알아야 합니다. 관계의 거리를 설정할 때 에드워드 홀(Edward Hall)의 '퍼스널 스페이스(Personal Space)'를 활용할 수 있습니다. 미국의 문화인류학자 에드워드 홀은 그의 저서인 「숨겨진 차원(The Hidden Dimension)」에서 사람은 일정한 공간을 필요로 한다는 것과 4가지 차원의 관계망에 대해 이야기합니다. 이 이론을 나와 다른 사람의 관계의 거리를 설정하는 원리로 활용해 볼 수 있습니다.

① **밀접한 거리(Intimate Distance Zone):** 나와 타인의 거리가 45cm 이내인 거리를 말합니다. 에드워드 홀은 '나만의 고유한 공간'을 반경 45cm로 보았습니다. 한 사람을 중심으로 반지름 45cm 정도 되는 이 원형의 공간은 사람의 특성상 누구나 자신의 안전을 위해 필요로 하고 또 확보하고 싶어 하는 거리입니다. 그 밀접한 공간에 들어갈 수 있는 사람은 누구일까요? 밀접한 거리에 들어갈 수 있는 사람은 아주 친밀한 관계에 있는 사람입니다. 친밀한 관계는 엄마와 아기, 연인, 부부, 아주 친밀한 친구 등 다양하겠지요. 그래서 이 개인의 공간을 함부로 침범당하면 마음이 불편해지거나 폭력을 경험하는 것입니다.

② **개인적 거리(Personal Distance Zone):** 나와 다른 사람의 거리가

45cm~1.2m 정도 되는 거리를 말합니다. 서로 대화하고 감정을 확인할 수 있으며 인격적으로 만날 수 있는 거리입니다. 상대방의 이야기를 분명하게 들을 수 있고, 눈을 보며 이야기할 수 있는 거리라고 할 수 있습니다. 보통 우리는 가까운 친구와는 개인적 거리를 유지하고자 합니다. 개인적 거리는 친구를 존중하고 배려하려는 물리적, 심리적 거리가 유지되기 때문입니다.

③ **사회적 거리(Social Distance Zone)**: 나와 다른 사람의 거리가 1.2m~3.6m 정도로 떨어져 있는 거리입니다. 이 정도의 거리를 '공식적인 거리'라고 부르기도 하는데, 개인적 거리가 아니기 때문에 서로가 가벼운 인사 정도 나눌 수 있는 거리입니다. 동네에서 나와 친밀하지 않은 이웃 어른을 만났을 때 인사할 수 있는 거리라고 설명할 수 있겠지요. 사회적 거리에서는 구체적인 개인 정보를 나누지는 않지만 서로의 얼굴을 확인하고 필요에 따라 도울 수 있는 준비가 되어 있는 거리를 말합니다.

④ **공적인 거리(Public Distance Zone)**: 나와 다른 사람의 거리가 3.6m 이상인 경우를 말합니다. 공적인 거리는 무대의 배우와 관객의 거리, 연설하는 사람과 듣는 청중의 거리이기도 합니다. 어떤 일이 벌어지는 것을 객관적으로 볼 수 있는 거리이기도 합니다. 횡단보도를 건널 때 다른 사람들을 쳐다보지만 상호작용은 하지 않습니다. 그저 내가 목적하는 곳을 가기 위해 서로에게 불편

을 주지 않으려 쳐다볼 뿐입니다. 이처럼 공적인 거리는 나와 어떤 집단, 무리를 이야기하며 직접적 관계가 없지만 관망할 수 있는 거리에 있는 사람들을 말합니다.

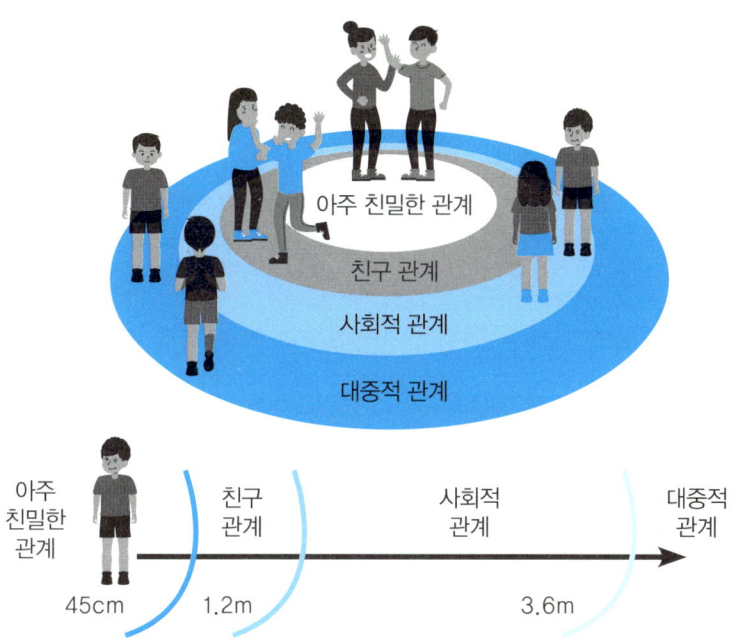

그렇다면 이제 에드워드 홀의 4가지 차원의 '거리'를 나와 다른 친구의 '관계의 거리'에 적용해 보겠습니다.

- **밀접한 거리**: 나와 친구의 거리가 45cm 이내로 아주 가까운 관계

일 경우입니다. 다르게 표현하자면, 반경 45cm 이내는 내가 안전을 보장받아야 하는 공간이란 뜻이지요. 만약 내가 이 밀접한 거리를 무시하고 불쑥 침범한다면 내 행동은 친구에게 자칫 폭력이 될 수 있음을 기억해야 합니다. 반경 45cm에 들어갈 수 있는 사람은 가장 가까운 사람이기 때문입니다. 그래서 밀접한 거리 안쪽으로 접근해야 할 때는 상대에게 허락을 구해야 합니다. 예를 들어 내가 교실에서 친구의 지우개를 빌리고 싶을 때, 허락 없이 그냥 가져가서 쓴다면 그 친구의 마음은 불편할 수 있습니다. 친한 친구라 하더라도 상대방의 신체나 물건, 감정에 함부로 침범해서는 안 됩니다. 위에서 언급했듯이 관계의 거리는 물리적 거리와 심리적 거리 두 가지를 모두 포함하고 있기 때문에, 다른 사람의 고유 공간인, 밀접한 거리를 존중하는 것은 관계 맺기에 있어서 아주 중요한 방식이라 할 수 있습니다.

또한 밀접한 거리는 장난과 폭력을 어떻게 구분해야 하는지 아이디어를 제공하고 있습니다. 일반적으로 장난과 폭력을 구분할 때 당하는 사람의 기분과 감정에 따라 장난인지 폭력인지를 판단하지만, 밀접한 거리의 원리를 적용해 보면 우리가 상대방의 허락 없이 타인의 밀접한 거리를 침범하고 있는 모든 행위와 언어는 폭력이 됩니다. 밀접한 거리를 침범하여 상대에게 가하는 위협적 행위는 장난이 아니라 폭력입니다.

우리가 자신의 방식대로 상대방을 판단하거나 비난하는 '심리적인 압박' 역시 폭력에 해당합니다. 한 친구가 다른 친구의 외모를 평가한다고 생각해 보세요. 외모를 평가할 수 있는 기준은 무엇이며, 외모에 대한 이야기를 해 달라고 요청한 것도 아닐 텐데, 옷 입은 것, 머리 묶은 것, 스타일에 관한 어떤 것을 평가하는 말과 비난하는 태도를 취하는 것은 분명히 폭언입니다. 이러한 행동은 단지 상대방의 기분을 나쁘게 만들었다는 것으로 끝나지 않습니다. 판단과 비난, 놀림, 조롱으로 이어지는 겉모습 판단은 상대방으로 하여금 수치심을 갖게 할 뿐 아니라 이후에 물리적 폭력이 발생할 수 있는 갈등의 진원지가 되기도 합니다. 그러므로 어릴 때부터 아무렇지도 않게 타인의 생각과 삶의 방식을 나의 기준으로 판단하여 놀리는 행위는 문화적으로 형성된 우리 사회의 폭력성에 기인합니다.

그렇다면 건강한 관계의 거리는 어떻게 만들어가야 할까요? 첫 번째, 사람마다 그 기준이 다를 수 있지만 특별한 상황이 아니라면 적어도 학급 안에서는 개인적 거리를 건강하게 유지하는 연습을 해야 합니다. 내가 싫어한다고 대화를 단절하고 배제 시키는 식의 반응은 폭력을 행하는 것입니다. 감정의 문제가 걸림돌이 되기도 하지만 감정이 조금 가라앉은 다음 개인적 거리(~1.2m)를 유지하며 서로가 대화를 시도하는 정도는 연습해야 합니다.

개인의 취향은 존중받고, 존중해야 마땅합니다. 그러나 취향이 다르다고 폭력적 관점과 행동이 정당화되는 것은 아닙니다. 취향이 다르다는 이유로 내가 싫어하는 친구를 배제하고 억압하는 구조로 관계를 맺고 있다면, 내 취향과 다른 사람에 대해 폭력을 행하고 있는 것입니다.

두 번째, 관계의 거리를 건강하게 유지하려면 거절하고 싶을 때 거절할 수 있는 자유와 용기가 필요합니다. 친구가 나에게 무언가를 요구해 왔을 때, 응하고 싶지 않다면 내 뜻을 분명하게 담아 친절하고 확실하게 거절할 수 있어야 합니다. 그러려면 내가 거절하더라도 친구 관계에 손상이 없도록 신뢰관계를 만들기 위해 노력해야 합니다. 이러한 노력은 학급의 하부구조를 건강하게 하며 구성원 서로가 거절의 내용을 잘 받아들일 뿐 아니라 관계를 성숙하게 만드는 요소로 작용합니다.

그렇다면 실제로 관계의 거리는 어떻게 연습할 수 있을까요? 경기도 고양시 덕양중학교에서 새 학기 마음열기 프로그램에 적용한 사례를 살펴보겠습니다.

―――――― 관계의 거리 1. ――――――
물리적 거리

1. 서클 열기 (모둠 자리 배치)

- 여러분은 1년 동안 학급 친구들과 어떤 관계를 맺으며 지내고 싶나요? 담임 선생님, 교과 선생님과 가깝게 지내고 싶지요? 또는 유행하는 말처럼 '인싸'로 살기를 바라나요? 좋은 관계를 맺기 위해서 우리는 어떻게 하면 좋을까요?
- 우리는 함께 살아가며 자신이 원하든, 아니든 서로에게 많은 영향을 끼칩니다. 어떤 학생은 친구들과 가깝게 지내며 많은 것을 공유하고 싶어 하고, 어떤 학생은 적당한 거리를 두고 자신만의 공간을 중요하게 생각하지요.
- 보통 가장 친한 사람에게 허락하는 거리가 45cm 이하라고 해요. 아기와 엄마의 거리가 그 정도죠. 그리고 개인 간에 표정이 읽히는 거리가 80cm~1.2m 전후라고 합니다. 하지만 이 거리가 모두한테 똑같은 것은 아닙니다. 하지만 무엇보다 중요한 것은 모든 개인은 반드시 독립적인 공간이 필요하다는 겁니다.

2. 관계수업 1 (활동하기)

1) 영상 시청

- 지금부터 여러분과 얘기를 나눠보겠습니다. 먼저 '퍼스널 스페이스'라는 영상을 시청하고 이어갈게요.
- '퍼스널 스페이스'가 뭐라고 했지요? 이 말은 무의식적으로 자기 것이라고 생각하는 일정한 공간을 뜻합니다. 예를 들어 서로 친한 사이의 친구라 해도 자기만의 공간은 반드시 필요하다는 말이지요. 그럼 우리 각자의 퍼스널 스페이스를 확인해 볼까요?

2) 편안한 거리 찾기

- 두 사람이 짝을 지어 1.2m 정도 떨어져서 마주 보겠습니다(두 사람씩 짝을 지을 수 있도록 돕기).
- 서로 어떤지 물어봐 주시고 괜찮으면 괜찮다 하고 좀 부담스러우면 조금 뒤로 움직이면 되겠지요? 괜찮다면 한 발자국만 가까이 서 볼까요? 서로 어떤지 물어보면서 거리를 조절해 주세요.
- 한 번만 시도하지 말고 여러 번 반복해 보세요. 이 활동은 서로 좋아하거나 싫어하는 문제가 아니라 나와 타인의 안전한 거리를 찾는 것에 목적이 있습니다.
- 우리 모두는 각자 편한 거리가 다를 수 있기 때문입니다.

3) 두 사람이 스틱을 마주 대고 이동하기 → 전체가 스틱을 마주 대고 이동하기

- 이번엔 대나무로 된 스틱을 하나씩 드릴게요. 두 사람이 스틱의 끝

을 검지에 대고 고정한 후 움직여 보겠습니다. (앞에서 시범 보이기)

- 둘이서 앉았다 일어날 수 있을까요?
- 앞뒤로 움직여 볼까요?
- 이번에는 전체가 다 같이 움직여 보겠습니다. 대나무 스틱을 사이에 대고 이동해 보겠습니다. 시작!! 반대 방향으로 움직여 볼까요?

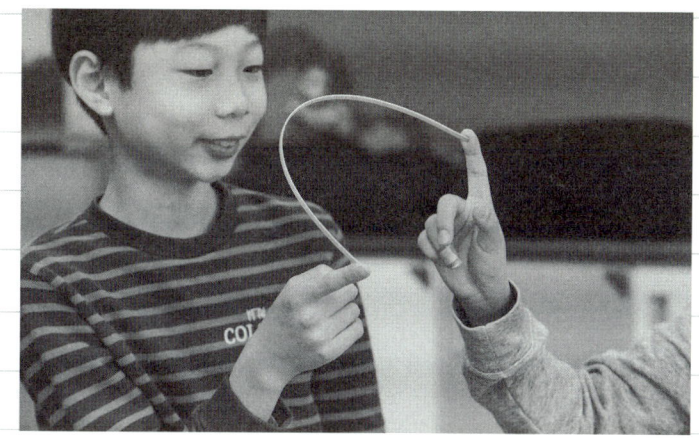

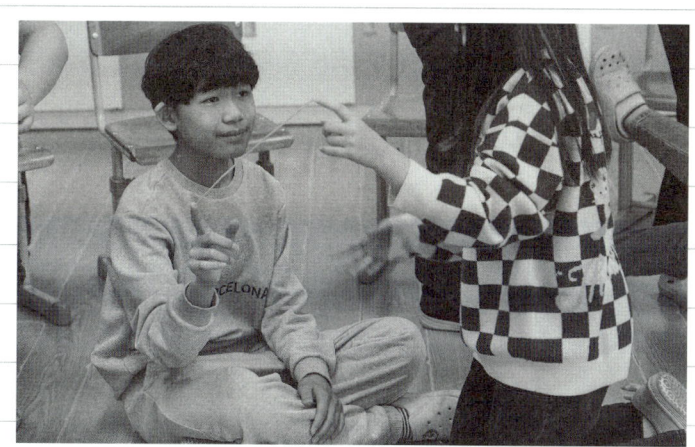

(활동을 정리하고 자리에 앉은 다음 센터피스를 준비하고 전체 소감을 나눈다)

4) 소감 나누기

- 오늘은 각자의 퍼스널 스페이스를 알아보기 위해 물리적 거리를 확인해 보는 활동을 해 보았습니다. 두 사람이 스틱을 떨어뜨리지 않기 위해 알맞은 거리를 유지해야 했지요? 스틱이 휘어지는 것도 두 사람의 거리 조절이 안 되었다는 것입니다. 다 같이 움직일 때는 양쪽 서로 신경 쓰며 거리를 유지해야 해서 힘들었을 겁니다. 앞에서 본 영상과 활동을 통해 느낀 점을 이야기해 보기로 해요. 잠시 생각을 정리할 시간을 10초 정도 드릴게요. ○○이부터 이야기해 볼까요?

- (이야기를 마치면) ○○이는 이 활동을 하면 ~~~한 생각을 하게 되었군요. 그 생각에 저도 공감합니다. 전체가 호흡을 맞추고 함께 걸어가는 일은 신경 써야 할 부분도 많고 중간중간 실수도 많이 나와서 다 함께 한 걸음을 내딛는 게 참 힘들었을 거예요.

―――――― 관계의 거리 2. ――――――
심리적 거리

1. 서클 열기 (모둠 자리 배치)
- 안녕하세요. 반갑습니다. 개학한 지 얼마 되지 않았는데 여러분의 얼굴이 좀 지쳐 보이네요. 아마도 방학 중 잘 놀다 보니 아침 일찍부터 시작하는 학교생활이 힘들어서 그러겠죠? 선생님도 방학 내내 조금은 여유롭게 지내다가 새 학년을 시작하니 할 일도 많고 수업 준비도 하느라 무척 분주하고 피곤합니다.
- 우리는 관계 맺기 수업에서 '퍼스널 스페이스'가 존재하고, 사람마다 원하는 거리가 조금 다르다는 것과 영화 '인어베러월드(In a better world)'에서 주인공 소년들이 관계 속에서 빚어진 문제를 어떻게 푸는지 함께 고민하며 보았습니다.

2. 관계수업 2 (활동하기)
- 오늘은 학급 안에서 친구들과 함께 생활할 때, 친구가 매우 가깝다는 신호를 보내거나 또는 친구가 너무 멀다고 신호를 보낼 때 어떻게 하면 좋을지 생각하는 시간을 갖겠습니다.
- 친구가 보낸 신호는 물리적인 거리보다 '마음의 거리'입니다. 내가 어떤 친구와 더 친하게, 더 가깝게 지내고 싶은데 친구는 나를 피하

는 것 같은 느낌이 든 적이 있나요?

- 그럼, 몇 가지 상황을 제시해 보겠습니다. 학습지에 기록된 상황 중 한 가지를 골라 질문에 답을 한 뒤 모둠별로 즉흥극을 만들어 보겠습니다. 이때, 두 명은 갈등 당사자이고 나머지 두 명은 관찰자입니다. 관찰자는 즉흥극을 보고 대화 과정에서 무엇이 문제인지 어떻게 대화를 이어가면 좋을지 의견을 제시하면 됩니다. 즉흥극 때 문제를 해결할 수 있는 표현 방법을 찾아보면 더 좋겠습니다.

(모둠 형태로 앉고 학습지를 나눈다.)

<상황 1> A는 4교시 끝나면 바로 B에게 다가와 급식을 함께 먹자고 하지만 B는 매번 A하고만 밥을 먹는 게 불편하다. A가 싫은 건 아니지만 더 많은 친구들을 사귀고 싶은데 A 때문에 그럴 수 없는 게 부담스럽다.

<상황 2> A와 B는 학급 짝꿍이다. A는 B의 물건을 빌려가서 잃어버리거나 말없이 가져가서 B의 물건이 교실 바닥에 뒹구는 경우도 있다. 이를 본 B는 A에게 다시는 물건을 빌려주지 않겠다고 말하고 A는 B가 같은 친구끼리 너무 까칠하게 군다며 이해하지 못한다.

<상황 3> 수행평가를 위해 모둠활동 팀을 정해야 한다. A는 공부 잘하고 수행도 열심히 하는 B와 같은 조가 되어 좋았지만, 막상 B는 노력하지 않고 매번 무임승차 하려는 A와 같은 팀이 되어 앞으로 어떻게 역할 분담을 하고 평가를 준비해야 할지 답답하다.

<상황 4> 쉬는 시간, A는 B에게 다가가 친해지고 싶은 마음에 팔을 툭툭 건드리며 장난을 건다. 하지만 B는 전날 잠을 못 자 피곤하고 자꾸만 친한 척하는 A가 귀찮기만 하다. 하지 말라고 해도 A는 계속 B에게 말을 걸지만 B는 조용히 책을 읽거나 자고 싶다.

- 모둠끼리 상황 한 가지를 정하고 역할을 정해 보세요. A, B학생과 관찰자 2명으로 나누어 보세요.
- 생각을 정리해 보겠습니다. 각 상황에 나온 A, B는 어떤 욕구를 갖고 있을까요?
- A, B 두 사람의 욕구를 해결하기 위해서는 어떻게 표현을 하는 것이 좋을까요?
- 역할 학생 A, B는 어떤 대화를 나눌지 학습지에 기록하고 직접 즉흥극을 진행해 보겠습니다. 두 사람이 역할에 따라 대화를 나누면 관찰자는 즉흥극을 하는 학생들의 언어 표현, 비언어적 표현까지 살펴보고 소감을 말해 주세요.
- 각 모둠의 즉흥극을 발표한 후, 각 상황을 해결하려면 어떤 표현 방법이나 태도가 필요한지 다 함께 이야기를 나눠보겠습니다.

(*즉흥극을 보며 대화 속에서 문제를 풀어가는 표현방식에 대해 생각의 전환이 일어나도록 피드백을 해 주면 좋다. 예를 들어 "그 마음을 다르게 표현해 보면 어떨까?")

3. 서클 닫기 (소감 나눔)

- 오늘 수업을 통해 무엇을 배우고 느꼈는지 소감을 나눠보겠습니다. 잠시 10초 동안 생각을 정리할 시간을 드릴게요. 오른쪽으로 토킹 스틱을 전달해볼까요?
- 오늘 즉흥극은 우리가 평소에 많이 겪는 일들입니다. 각자의 욕구가 이렇게 다른데 우리는 이를 알아차리지 못하고 그냥 내 마음대로 말하거나 속으로 고민만 할 때가 많지요. 즉흥극을 통해서 무엇이 문제였는지 알았다면 다음부터는 이렇게 연습해 보면 좋겠습니다.

이런 방법이 곧바로 되지는 않겠지만 앞으로 공동체 서클 때 한 가지씩 연습하고 실천할 수 있는 힘을 키우도록 노력하면 좋겠습니다.

〈 관계 개선을 위한 방법 〉

1) 'NO'라고 말할 수 있는 용기와 환경 만들기

2) 한 걸음 물러나 이성의 눈으로 바라보기

3) 주변 친구들과 함께 어울리며 또 다른 방법 찾기

이야기를 경청해 주세요

환대를 만드는 교실의 세 번째 요소는 상대방의 이야기를 경청하는 것입니다. 다른 사람의 이야기를 '잘 듣는 것'이 얼마나 어려운지 모릅니다. 내가 관심 있는 이야기를 들을 때는 상대의 말을 가로채서 이야기에 끼어들기도 하고, 내가 관심 없는 이야기가 나올 때는 딴생각과 행동을 하기도 합니다. 만약 내가 말하고 있을 때 상대방이 시계를 보고 있거나 핸드폰을 만지작거리고 있다면 기분이 어떨까요? 그래서 우리는 상대방의 이야기를 잘 듣는 연습을 해야 합니다.

친구가 이야기하는 내용이 무엇인지 잘 듣고, 내용을 정리하여 되묻기도 하면서 내 생각을 이야기할 줄 아는 것은 대화의 가장 기본적인 방법입니다. 내가 들은 내용을 정리하여 되묻는 이유는 내가 말한 내용을 친구가 제대로 이해하고 있는지 확인하려는 것입니다. 매번 그렇게 확인해야 하는 것은 아니지만, 대화를 나눌 때마다 친구의 이야기를 잘 듣고 있다는 표현이 될 수 있고, 보다 잘 소통하기 위해서이므로 정리하고 되묻고 다시 표현하는 시도를 할 필요가 있습니다.

우리는 때때로 상대방의 이야기를 잘 듣지 못하고 내 생각과 방식대로 해석해 받아들이곤 합니다. 이것을 '확증편향'이라고 하는데, 타인과 의사소통을 할 때 내가 경험한 것과 배운 것, 느낌과 성향대로 편향되게 걸러 듣는 방식을 일컫습니다. 친구의 말을 제대로 알

알듣고 싶다면 내가 가진 생각을 잠시 내려놓고 상대방의 말을 잘 듣고 응답하는 훈련이 필요합니다. 이 훈련은 듣는 것에서 말하는 것까지 온전히 친구에게만 집중해야 더 잘 됩니다.

학생들과 말하기와 듣기를 연습할 수 있는 몇 가지 방법을 제시하면,

귓속말 릴레이

① 학생들은 모두 둥글게 앉습니다.
② 진행자는 참여자들에게 귓속말 릴레이의 규칙을 안내합니다. 첫째, 귓속말이 밖으로 들리지 않게 속삭이기. 둘째, 잘 못 들은 사람이 있다면 한 번 더 귓속말해주기. 셋째, 다른 사람들이 귓속말할 때 방해하지 않기.

넷째, 본인이 옆 사람에게 들은 그대로 전달하기. 다섯째, 앞서 귓속말 릴레이에 참여한 사람들은 서로 말한 내용을 확인하지 않기 등입니다.

③ 진행자가 한 문장을 첫 번째 학생에게 보여줍니다. 이때 첫 번째 사람이 문장을 다 익힐 때까지 약간의 시간을 주는 것이 좋습니다.

④ 릴레이가 계속되면서 빠르게 진행될 수 있게 돕고, 조용히 집중하도록 안내해야 합니다.

⑤ 마지막 사람까지 왔을 때, 어떤 문장을 전달받았는지 큰 소리로 말하면, 첫 번째 사람이 이어서 본래 시작할 때의 문장을 말해 줍니다.

귓속말 릴레이에서는 누가 틀렸는지를 찾는 것은 중요하지 않습니다. 다만 우리가 친구들의 목소리를 잘 못 들을 수 있다는 것과 서로 오해하는 것 같을 때 직접 소통하기를 시도해야 한다는 점을 이야기 해 보면 좋겠습니다.

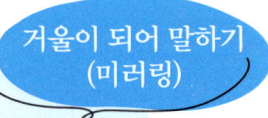

① 하나의 원을 만듭니다. 만들기 힘들면 두세 사람씩 짝을 지어도 괜찮습니다.

② 처음 말할 사람을 정하고 그 말을 들을 사람도 정합니다. 첫 번째 말하는 사람은 정해진 시간에 자신의 이야기를 하고, 이 내용을 들은 두 번째 사람이 첫 번째 사람의 이야기를 그대로 이야기해 봅니다.

③ 참여자들 모두 화자와 청자의 역할을 하고 또 역할을 바꾸어 '미러링'하면서 무엇을 느꼈는지 나눕니다.

'거울이 되어 말하기'에는 친구의 말에 얼마나 귀를 기울이고 공감할 수 있는지 연습하는 방법이 들어 있습니다. 귀를 기울이지 않는다면 엉뚱한 이야기를 할 수 있으니까요. 그래서 중요한 문제를 풀어갈 때 '거울이 되어 말하기'는 많은 사람이 쓰는 해결 방법이기도 합니다.

| 인정해 주세요 |

켄 블랜차드(Kenneth Hartley Blanchard)의 저서 「칭찬은 고래도 춤추게 한다」는 제목이 한동안 칭찬의 긍정성에 대한 말로 회자 되었습니다. 이는 인간관계에서 칭찬의 위력과 의미를 충분하게 설명할 수 있는 말입니다. 보통 칭찬이라고 하면 '상대에 대한 인정'을 포함하고 있다고 생각합니다. 그런데 엄밀하게 들여다보면 칭찬은 상대방의 외적인 역할에 치중된 칭송일 때가 많습니다. 반면에 인정은 상대방의 내적인 역할, 마음 씀씀이를 칭송합니다. 아이들을 칭찬할 때 '~을 잘해서 칭찬한다.'는 말은 할 수 있어도, 그렇게 행동할 수 있었던 '~한 마음을 인정한다.'는 말은 잘 사용하지 않습니다. 그래서 칭찬의 감흥은 휘발성이 강하고 잊어버리기 쉽습니다. 인정은 상대방 마음을 알아차리는 것이기 때문에 '발견'이며, '감동의 표현'입니다. 그 표현은 오래도록 마음에 남게 되지요. 그렇다고 칭찬을 하지 말라는 것은 아닙니다. 칭찬을 하는 것은 긍정적 관계로 발전하기 위한 중요 동기부여가 되기 때문입니다. 다만, 관계가 깊어질수록 인정하는 대화가 중요해집니다.

인정하는 말을 할 때 여러 표현방식이 있겠지만, 단순하고 쉽게 표현할 수 있는 문장으로 나타내 보면 다음과 같습니다.

● 인정하는 말의 형식

나는 ○○의 ~~한 마음을 인정합니다.
왜냐하면, ○○이는 ~~하고 ~~하기 때문입니다.
그래서 나는 ○○이의 ~~한 마음을 인정합니다.

● 인정하는 말의 예시

나는 지민이의 진실한 마음을 인정합니다.
왜냐하면, 지민이는 하기 싫은 것을 친구 관계 때문에 억지로 하지 않고 친구에게 자신의 상황을 친절하게 설명해 주면서 안 되는 이유를 이해할 수 있도록 말하기 때문입니다.
그래서 나는 친구를 향한 지민이의 진실한 마음을 인정합니다.

2장. 우리 교실에는 '관계공감소통'가 있다.

한때 범죄를 저지르고 처분을 받은 보호소년들과 지낸 적이 있습니다. 그들과 제가 함께 나누었던 '과목'은 〈관계·공감·소통〉이었지요. 앞 글자를 따서 '관공소 수업'이라고 불렀습니다. 보호소년들과 함께 했던 시간이 귀하게 느껴졌는데, 그 이유는 관공소 수업을 하면서 소년들의 다양한 모습을 볼 수 있었고, 그들의 진심 어린 마음을 선물로 받을 수 있었기 때문입니다. 관공소 수업에 참여하는 소년들 모두 사랑에 목말라 있었습니다. 그들은 자신의 존재감을 드러내는 일이라면 주저 없이 말하고 행동하며, 때로는 위험한 상황도 만들곤 했지요. 그 친구들은 옷, 사용하는 생활 물품들, 운동화 등 남에게 드러나는 것에는 온통 공을 들였습니다. 그리고 먹는 것과 무언가를 독점하는 것에 경쟁적이었고, 타인을 배제 시키더라도 내가 무언가를 차지하기 위해 쟁탈전을 벌이는 것을 당연하게 여기는 듯했습니다. 그 소년들은 타인과 관계를 맺는 방법을 모르고, 소통과 공감의 방식을 배운 적이 거의 없었습니다. 오직 생존을 위한 몸부림만이 몸의 감각을 지배하고 있는 것 같았습니다. 그런데 '관공소 수업'에 6개월 정도 참여한 뒤에 그 친구들이 이구동성으로 했던 말은 "선생님, 이제 제 감정을 말할 수 있게 되었어요.", "제 이야기를 다른 사람에게 할 수 있게 된 것 같아요."라는 내용이었습니다. 아주 기본적인 상태였긴 해도 관계를 맺는 방식과 공감과 소통이 자신의 삶을 얼마나 변화시켜 나갈 수 있는지 그 친구들이 알게 된 것이지요.

우리가 만나는 학생들, 청소년들 또한 관계·공감·소통에 자유롭지 못합니다. 가족체계 속에서 '유해한 답습'의 결과물을 마음에 품고 살아가면서 나름대로 생존 방식을 찾은 것이 지금의 모습입니다. 모두 우리 사회가 지니고 있는 역사적 과제일 겁니다.

우리 교실에 관계·공감·소통의 자리가 어디에 위치해 있을까요? 어떤 학생은 학교에 출석해서 하고 시간이 될 때까지 제대로 된 대화 한 번 해 보지 못하고 귀가합니다. 선생님의 '공지사항'만 들을 뿐 무의미하게 앉아 일방적인 수업에 마치 끌려가듯 시간을 보내는 학생도 보입니다. 관심이 없는지 엎드려 자거나, 주의를 집중하지 못하고 지속해서 다른 친구들과 떠들며 수업을 방해하는 학생들이 시선에 들어오기도 합니다. 말은 많지만 소통하지 않고, 책상에 책을 꺼내 놓고 있으나 뭐가 뭔지 정신없이 살아가는 학생들에게 뭐라고 얘기할 수 있을까요? 주의를 줄 수는 있어도 그의 마음을 살리지는 못합니다. 학부모와 상담해도 뾰족한 방법이 떠오르지 않습니다.

간디의 말이 떠오릅니다. 평화로 가는 방법을 찾아 헤매기보다 우리 스스로가 평화가 되는 길을 선택해야 합니다. 우리 교실에서 이루어져야 할 관공소 수업은 수업 자체가 관계와 공감, 소통을 다루는 것이어야 합니다. 특별히 시간을 따로 떼어 창의체험 시간에 '관계증진 프로그램'을 할 수 있겠지만, 가장 최선의 것은 수업 자체가 '관공소 수업'이 되는 것이지요. '무엇을 가르칠 것인가?' 보다 '어떻게 가르칠 것인가?'를 고민해야 합니다. 여기에서 브랜다 모리슨(Brenda Morrison)의 회복적 공동체의 하부구조 모형을 상상해 볼 수 있습니다. 더 나아가 파커 J. 파머(Parker J. Palmer)의 제4의 공동체 유형인 '진리의 공동체'를 꿈꿀 수 있겠지요. 관계가 신뢰를 기초로 세워지기 위해서는 주제를 중심으로 연결되어야 하며, 상호 간에 가르침과 배움의 위계질서로 줄 세우지 않는 원형의 공동체 모형을 생각해야 합니다.[3]

우리가 연구하는 주제에 의해 오히려 우리 자신이 '발견되고 이해된다'는 느낌을 갖는 것, 그것은 우리 교실의 구성원들 모두가 연결되어 각각의 다름이 시너지가 되고 '서로 배움'이 가능하도록 만드는 것입니다.

우선, '관공소 수업'의 범위와 주요 주제를 소개합니다. 관공소 수업의 범위는 관계·공감·소통이 기법을 다루는 것과는 다른 문제라는 것과 사람의 존재 자체를 대하는 것까지 이야기합니다. 이후에 펼쳐

---

[3] "진리는 그 주제 안에 살아 움직이고 있으며 우리가 진리를 찾을 때 진리가 우리를 찾아온다는 느낌을 갖는 것이다.", 출처: 파커 J. 파머. (2014). 가르침과 배움의 영성. IVP.

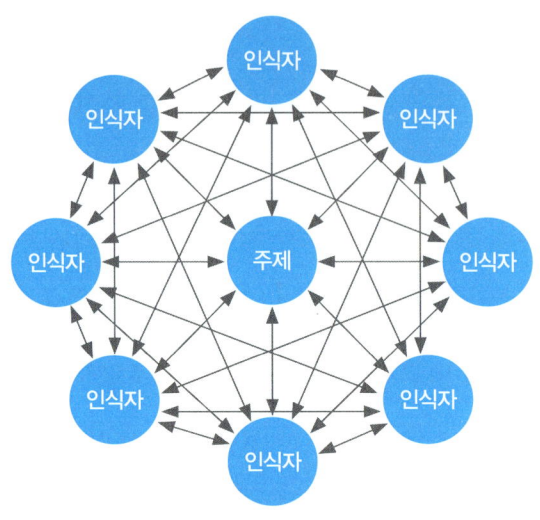

진리의 공동체 모형

낼 주제들은 관계의 지평을 넓혀가면서 그 속성이 되는 공감과 소통의 과정을 평화롭게 실천하도록 하는 데 목적을 두고 있습니다.

| 관공소 수업의 범위: 몸에서 관계까지 이루어지는 전이(transition) |

청소년의 삶을 들여다보면 자신이 선택할 수 없었던 어린 시절의 환경이 어떠하냐에 따라 몸의 감각 자체가 달라진다는 것을 알 수 있습니다. 그래서 관공소 수업은 애착 이론의 측면, 생물학과 신경발달의 측면, 외상에 입각한 표현 치료의 측면에서 감각 기반의 개입이 먼저 이루어져야 합니다. 시각, 청각, 운동감각, 촉각, 후각 활동이 주를 이루면서 적절한 감각 기반 경험은 안정적인 애착, 타인과

의 협력, 공감, 자기조절을 증진 시키는 중요한 역할을 하는 것으로 알려져 있습니다. 몸의 이야기는 모든 것의 출발선이기도 하고 관계로 나아가는 '용기(container)'이기도 합니다. 그 용기 안에는 감정의 세포가 촘촘히 들어서 있으며, 감정은 암묵적 기억과 명시적 기억, 신체적 기억으로 스케치한 밑그림과 색채를 머금고 있지요. 그 안에는 이야기가 담겨 있고, 이야기는 해석의 범주로 작동하며 자기 삶의 역할을 결정하게 됩니다. 또한 역할이 반복해 패턴화가 되면 관계가 만들어집니다.

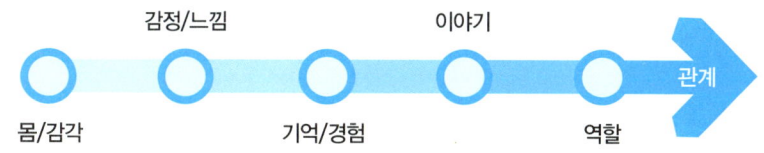

관계, 공감, 소통은 서로를 포괄하는 가치이며, 기능이고, 확장된 과정을 만드는 원자입니다. 온전하고 건강한 관계는 소통과 공감을 포괄하면서 각각의 연결에 따라 다른 가치를 생산해 냅니다. 소통과 연결된 관계는 '신뢰 이동'을 가능하게 만들고, 공감이 일어나는 관계 속에서 치유와 회복의 역할이 탄생하게 되지요. 마찬가지로 공감이 살아있는 소통은 감수성의 열매를 맺고, 다른 측면인 '서로를 존중하는 관계'를 생산하는 역할을 합니다. 결국 관공소의 연결은 한 사람의 자발성을 일으켜 창조적인 작업에 참여할 수 있도록 동기부여를 할 뿐 아니라 자신의 인생에 새로운 시도 혹은 전이(transition)를 지속하여 자기다움의 문화를 만들어 갈 수 있도록 돕습니다.

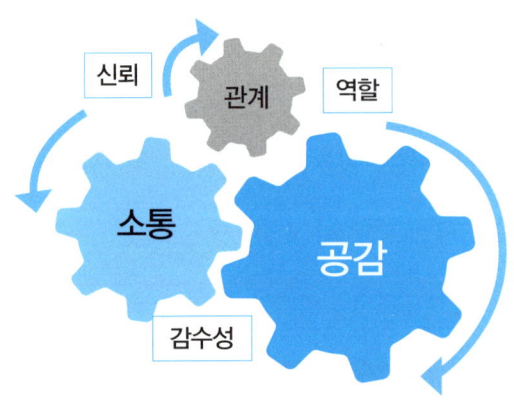

| 관계의 출발선: 공감 능력 |

뇌신경과학자 다니엘 리젤(Daniel Reisel)은 2013년 TED 강연에서 아주 흥미로운 이야기를 꺼냈습니다. 그는 영국의 웜우드 스크럽스(Wormwood Scrubs) 집중경비 교도소에서 만난 사이코패스 범죄자 32살의 조(Joe)의 이야기를 전했지요. 다니엘 리젤은 그 자리에서 조의 뇌를 fMRI[4]로 관찰하여 "사이코패스는 영구적인 상태가 아니다."라는 사실을 주장했습니다. 공감을 관장하는 뇌 부위인 편도체에서

새로운 신경발생이 일어나고 있음을 알게 된 것입니다. 그런데 중요한 것은 새로운 신경발생(Neurogenesis)이 일어나는 계기가 타인을 공감할 수 있는 과정이 만들어질 때라는 것입니다. 뉴런이 반짝이는 시간이 다른 사람을 공감할 수 있는 과정에서 나타난다는 것은 놀라운 발견이었습니다. 이어 다니엘 리젤은 회복적 정의에 관한 이야기를 전했습니다. 범죄자가 공감할 수 있는 첫 번째 단계는 자신이 저지른 범죄에 대해 피해를 입은 상대에 대해 직면해보는 과정이라는 겁니다. 몸의 감각이 범죄로 망가져 있을 때에도 회복의 과정은 존재할 수 있다는 것을 증명한 셈입니다.

*출처: 다니엘 리젤(Daniel Reisel), TED 2013.

---

4 fMRI는 기능적 자기공명영상(Functional magnetic resonance imaging, fMRI)의 약자로 혈류와 관련된 변화를 감지하여 뇌 활동을 측정하는 기술입니다.

이처럼 타인을 공감하는 것은 관계의 뿌리로서 작동합니다. 이제는 공감 능력을 사회적 지능이라 부르기도 하고 혼자서 키워내는 것이 아니라 관계 속에서만 자랄 수 있다는 것과 협력 과정이 필요하다는 것을 강조하고 있습니다.

| 관공소 수업을 위한 Module 구성 |

「진정한 나를 찾아 떠나는 심리여행 가족」의 저자 존 브레드 쇼(John Bradshaw)는 자신의 삶과 마주하는 이야기를 치유의 과정으로 다루고 있습니다. 사람들이 저마다의 가치를 가지고 살아가지만, 가치가 관계로 내려앉아야 하는 길목에서 반드시 만나야 하는 '유해한 답습'의 결과들이 있다는 겁니다. 첫 번째는 가족 체계에서 형성된 가족 규칙이고, 두 번째는 애착 손상과 강화된 트라우마, 세 번째는 수치심의 정서가 인생의 저 끝에서 이 끝까지 끊임없이 옭아맵니다. 이 세 가지의 사슬을 어떻게 풀어야 할까요? 누구나 관계와 소통, 공감의 바탕 위에 건강한 자아 발달을 경험하고 싶고, 평화의 삶을 풍요롭게 누리며 살아가길 욕구합니다. 그러나 문제는 내 인생의 무의식과 몸의 감각에서 숨 쉬고 있는 과거형의 그림자와 직면해야 한다는 사실입니다. 관공소 수업에서 맞게 되는 '직면'은 부정을 통한 긍정의 효과를 지니고 있습니다. 부정이란 자신의 삶의 곤고한 바닥에 이르러야 하지만, 자신의 역할과 관계를 규정하고 있던 먹구름을 치

워내는 긍정적 기능에 이르게 하는 결과 때문입니다.

다음은 관공소 수업을 위한 모듈 주제입니다. 평화수업, 여타 관계 형성을 위한 교육과정을 설계할 때 모듈을 활용하시면 좋겠습니다.
- 모듈 1: 관계 짓기
- 모듈 2: 공감의 흐름
- 모듈 3: 연결과 커뮤니케이션

모듈 1: 관계의 몸 짓기				
A	관계의 바운더리 퍼스널 스페이스	환대	존중의 힘: 자기다움	경계로 나아가기
B	감수성 자극과 반응	폭력감성	평화감수성	생명감수성
C	PEACE MAKING	평화활동가	조정자	치유자
D	개인 관계유형	관계의 재발견 타인의 시선에서 배우기	새로운 만남 타인의 시선에서 배우기	관계 설계

모듈 2: 공감의 흐름				
A	회복적 정의	간접 직면과정	직접 직면 (대면&비대면)	• 폭력: 대화모임 • 가족: 스토리 • 학교: 교사와 또래집단
B	타인의 고통 연극적 기법	이해와 수용	기억의 침습	재해석과 기념하기
C	갈등 전환 인생의 궤도수정	사실과 진실	입장 나누기	화해 과정
D	공감의 역행 새로운 meme	반평화 상태	집단의 문화	역할 수정

모듈 3: 연결과 커뮤니케이션				
A	대화와 담화 대화의 만찬	내 인생의 질문으로 소통: 타인의 시선과 대화하기	외부화와 내재화	타인과의 대화 (1:1 매칭)
B	편지, 이야기	시작(詩作)	형상화1	형상화2
C	서클 프로세스	서클 코디네이터	피스메이킹 서클	공동의 지혜와 문화
D	자발성의 비밀	창조적 사고	새로운 시도	평가와 출발

관공소 모듈 주제 해설

	모듈1: 관계의 몸 짓기	
A	관계의 바운더리: 퍼스널 스페이스	● 타인과 나의 관계에서 안전하게 보호받을 수 있는 무의식적 자기 공간에 대한 연습. 밀접한 거리를 물리적, 심리적으로 침범하지 않고 존중이 담긴 관계의 거리 조절을 훈련한다. ● 존재 자체로 환대받는 것은 무엇이며, 자기다움을 존중하고 수용 받을 때의 경험이 타인과의 경계를 허물고 경계 밖의 사람들에게 손을 내밀 수 있는 용기를 갖게 한다.
	환대	
	존중의 힘: 자기다움	
	경계로 나아가기	
B	감수성 자극과 반응	● 자극에 대한 반응의 척도가 감수성이라면, 우리 몸의 자극에 대해 자기를 향해, 또한 타인을 향해 어떤 반응이 가장 많이 표출되는지 탐색한다. ● 우리 몸에 내재화된 폭력 감성을 평화와 생명감수성으로 바꿔 나가기 위해 알아차리는 과정
	폭력 감성	
	평화감수성	
	생명감수성	
C	PEACE MAKING	● 평화는 상태가 아니라 과정이기에, 삶의 모든 영역에서 평화활동가로 관계를 맺는 방식을 훈련한다. ● 조정자의 역할과 치유자로서의 만남이 학급의 다층적 구성원들의 속성을 변화시키는 하부구조가 될 수 있다.
	평화활동가	
	조정자	
	치유자	
D	개인 관계유형	● 자신의 기질과 성격, 관계의 패턴 속에서 일상적 관계유형을 찾는다. 관계는 애착의 형태가 발전한 것이므로, 온전한 관계를 향한다는 것의 의미를 알아가기 위해 타인의 시선에서 관계를 배우고, 만남 속에서 대화의 진정성을 익히며, 나만의 관계를 설계한다.
	관계의 재발견 타인의 시선에서 배우기	
	새로운 만남 타인의 시선에서 배우기	
	관계 설계	

	모듈2: 공감의 흐름		
A	회복적 정의		● 공감은 직면으로부터 시작한다. 내 삶의 여정을 간접적 또는 직접적으로 직면하여 가족, 학교, 또래 관계, 폭력 등 각 요소마다 관계의 재설정을 위한 단계를 진행한다. ● 회복적 정의는 잘못된 행위에 대한 처벌과 응징으로 사건을 마무리하기보다 피해를 회복하고 영향받은 공동체 구성원들의 욕구를 채움으로써 온전한 정의를 세워가는 과정이다. 자신의 삶에서 온전한 정의를 세워갈 영역을 발견하고 책임과 회복을 위해 해야 할 과정을 설계한다.
	간접 직면과정		
	직접대면 (대면과 비대면)		
	가족, 학교, 또래관계, 폭력		
B	타인의 고통 (연극적 기법)		● 나의 이야기는 우리 모두의 고통스러운 이야기이다. 타인의 고통을 감정의 소비로 지나치지 않고 이해와 수용의 과정을 거치면서 나의 기억과 오버랩 되거나 침습하는 영역을 찾아 재해석에 이르기까지의 과정을 밟는다. ● 모두의 고통을 몸 안에 쌓아두고 감각으로 변질될 때까지 방치하지 않고 표출하고 해석하여 기념하는 것으로 치유의 과정을 만난다.
	이해와 수용		
	기억의 침습		
	재해석과 기념하기		
C	갈등전환		● 갈등은 우리 삶의 당연한 과정이며, 어디에서 존재하는 것이지만, 갈등을 대하는 방식은 사람마다 다양성을 지니고 있다. 청소년의 삶에서 축적된 갈등의 깊이와 무게를 나누면서 사실(현상) 안에 감추어진 진실은 무엇인지 탐색하고, 그 입장을 증언하여 스스로 화해 과정을 만든다. ● 자신이나 타인과의 화해 과정 속에 공감의 영역을 찾고, 실천적으로 갈등을 전환해 나간다.
	사실과 진실		
	입장 나누기		
	화해 과정		
D	공감의 역행		● 공감의 기초는 미러링(mirroring)이다. 청소년의 삶에서 미러링은 문화적 유전자처럼 생활양식의 획일화를 이루어 왔고, 폭력의 문화를 양산하기도 한다. 이처럼 공감의 역행이라는 특성을 알고, 반평화의 상태라는 것이 무엇인지 탐색하며, 집단의 문화 속에 스며있는 폭력의 밈(meme)현상을 제거한다. ● 각자의 자율성과 자기 통제권을 존중하면서 공동체의 다양성이 공동의 지혜로 모아지는 것을 통해 역할의 수정을 경험한다.
	반평화 상태		
	집단의 문화		
	역할 수정		

모듈3: 연결과 커뮤니케이션		
A	대화와 담화 대화의 만찬	● 대화는 상대와의 소통에서 옮음과 진실, 통찰을 얻는 과정이다. 사람들의 일상적인 소통이 소재 중심의 담화라고 했을 때, 소통을 위한 내면화된 의도적 대화의 기술을 배운다.
A	내 인생의 질문: 타인의 시선과 대화하기	● 내 인생의 질문에 스스로 답할 뿐 아니라 타인의 대답과 소통하면서 시선의 변화를 경험한다.
A	외부화와 내재화	● 타인의 경계에만 민감해 왔던 나만의 독특한 성향을 소통의 능력으로 내재화하는 연습을 실천한다.
A	타자와의 대화(1:1매칭)	● 내재화된 결과를 타자와 대화의 과정에서 나누며 또 다른 의미의 성찰을 획득한다.
B	타자에게 편지쓰기	● 나와 세상은 어떤 관계로 소통하고 있는가? 삶과 사회와의 소통과정에서 나의 존재를 형상화 할 수 있는 방법을 상상하고, 음악과 미술, 문학, 예술적 놀이 등으로 만든다.
B	시작(詩作)	
B	형상화1	● 타자에게 편지를 쓰면서 단순한 위로나 용기를 얻기 위한 것보다 자신의 세계관을 교류하기 위한 것이어야 하며 그 결과를 기록으로 남겨 아카이빙 작업을 시행한다.
B	형상화2	
C	서클 프로세스	● 서클 프로세스는 수평적 구조와 존중의 대화를 실현하기 위한 회복적 정의의 전통적 모임 방식이다. 이야기에 끌려가는 수동적 서클모임에서 청소년 참여자가 직접 서클 코디네이터로 공동의 대화를 이끌어 갈 수 있고, 문제해결의 과정 역시 만들어 갈 수 있다.
C	서클 코디네이터	
C	피스메이킹 서클	
C	공동의 지혜와 평화문화	● 서클의 과정이 공동체의 문화로 자리매김하면서 서로의 성장을 돕는 평화문화를 세운다.
D	자발성의 용기	● 청소년의 숨겨진 자발성의 창조적 역량을 프로젝트 수업을 통해 드러내고 각자의 아이디어를 결합하여 예술적인 감각과 삶의 기억을 형상화 할 수 있다.
D	창조적 사고	
D	새로운 시도	● 형상화된 작품들은 타자와의 소통과정에서 매개체로 활용되어 다양한 소통의 방식(토론, 담화, 대화, 교육)을 경험하는 토대로 삼는다.
D	평가와 출발	

'관공소' 수업을 위한 주제를 실제로 구현하기 위해 다양한 지도안을 구성할 수 있습니다. 여기서 제시하는 모듈과 주제는 하나의 예시에 지나지 않습니다. 학급에 따라, 학년에 따라 작은 발견이 있는 수업 주제 몇 가지라면 훌륭한 관공소가 만들어질 수 있습니다.

몇 가지 주제에 대한 교육 지도안을 소개합니다. 지도안에 표시된 ○회 ○차시는 모듈 주제별로 몇 차시의 수업이 진행될 수 있음을 의미하는 것입니다. 예를 들어 환대1은 환대 수업이 몇 번으로 나뉘어 실행될 수 있다는 뜻이지요. 다음의 지도안은 각각은 주제에 대한 대표적 예시입니다.

회차	○회차	주제	환대 1
	■ 목표: 나를 환영하고 즐거워하는 서클 공간 만들기		
열기	• 장소: ○○○ • 첫 만남의 디딤돌: 여는 서클-내 마음의 날씨, 이유와 함께 말하기 • 액션메소드: 1) 스펙트로그램 　주제: 생일 순서대로 줄 서기-> 받고 싶은 생일 선물 상상하기 　　　　　2) 누가 이 동작을 시작했을까? 　　　　　3) 이름 맞추기, 이름 릴레이 *액션메소드는 3장을 참고하여 구성하세요.		
전개	• 퍼스널 스페이스에 생명의 기원 프로젝트 만들기 ① 자기 자리를 확인하여 신발을 벗고 앉는다. 진행자의 안내를 듣고 아이들은 모둠별로 서클을 만들 자연물을 찾아 나선다(10분 소요). ② 자연물을 가지고 온 아이는 전지 위에 서클을 만든다(서클 중간중간 끈으로 묶어서 자연물이 흩어지지 않게 함). ③ 자신이 만든 공간에 내가 어디로부터 왔는지, 엄마 아빠의 그림부터 시작하여 아기 때의 자기 모습 ~ 자신의 현재에 이르는 테마 공간을 그린다. 어디에 살았는지, 가본 곳은 어디인지, 다녔던 학교는 어디인지, 친구들은 누구였는지… 인상적인 사건은 어떤 것들이었는지 기록한다. *테마공간에 그려야 할 주제: 전체를 선으로 표현하되 자신의 탄생 시점, 어디에 살았는가, 어느 학교에 다녔는가? 어디를 여행했는가? 친구들은 누구였는가? 기억에 남는 사건은 어떤 것들이 있는가? 등, 선 위에 부모님 그림, 가 본 장소 그림, 학교, 친구들 그림, 사건에 관한 그림 등을 표현하고 글로 기록한다. ④ 테마공간은 한 사람의 인생이 어떤 경로를 따라왔고 서로가 똑같지 않다는 것과 생명 자체가 소중하다는 것을 이야기하는 전체 전시와 나눔 시간을 갖는다. ⑤ 한 아이의 생명을 환영하는 시간: 작은 꽃들을 준비하여 한 사람에게 주어진 생명의 시간을 축복하는 의식, 부모님의 편지를 읽어주고 카드와 꽃을 선물한다. ⑥ 생명의 탄생을 축하하는 노래 듣기: 아이들이 아는 곡 중에서 선택할 수 있음.		

닫기	• 마음 쓰기 - 오늘의 이야기 속에서 가장 인상 깊은 장면에 관해 말하기 - 함께 했던 친구 격려하기
준비물	• 넓은 공간에 전지+자기 이름 써놓기, 카드와 꽃, 노래 함께 부르기 준비, 매직펜 세트, 가위 6-7개, 끈, 음악(스피커), 접착테이프 3-4개

회차	○회차	주제	PEACE MAKING 2
■ 목표: 타인과의 관계 속에서 나를 변화시키는 평화 챌린지 기획하기			
열기	• 첫 만남의 디딤돌: 의식으로 시작하기 - 의식: 공동체 서클로 환영, 센터피스 활용하기(활동 프로그램) • 마음 읽기 - 사람과의 관계를 통해 감동 받은 기억을 나눈다.		
전개	• 관계 속의 폭력 -퍼포먼스 1: 몸으로 경험하는 폭력의 피해 안대를 하고 있는 아이와 그 아이를 밀치는 세 명의 사람들, 보이지 않는 상황에서 피해를 느끼는 아이의 마음을 나누고, 밀쳤던 사람들의 이야기도 듣는다. -퍼포먼스 2: 상처 주는 말, 치유하는 말 천 아래에 한 사람이 들어가고, 네 명의 사람이 나와 그 천의 네 모서리를 잡고 천 위에 상처 주는 말을 내뱉는다. 천 아래에 있던 사람의 마음을 들어보고 우리의 언어에서 사용하는 욕설과 비속어들을 드러내 본다. 같은 방식으로 치유의 말도 시도해 본다.		

	 • 우리가 꿈꾸는 공동체를 위한 챌린지 정하기 - 챌린지 정하기 　① 생활에서 놓치고 있는 것 발견하기 　② 매일 습관처럼 할 수 있는 것을 계획하고 실행했을 때의 자신의 모습을 상상하며 어떤 실천을 할 수 있을지 찾아본다. 　　예) 매일 10분 일찍 일어나기, 하루 일정을 정리하고 머릿속으로 그려보기, 하루에 친구 한 명에게 말 걸기 등 　③ 공동체의 관계를 바꿀 수 있는 챌린지를 통한 결과 상상하기 　　예) 학급 전체의 챌린지를 모아 이것이 성취되었을 때의 모습 상상하기 　　　매일 챌린지에 대해 이야기하기 - 단기적인 것과 장기적인 것 - 챌린지들이 어떻게 지속될 수 있을지 약속 정하기 - 챌린지 helper 세우기 - 일주일 단위의 평가 계획 세우기 - 전시하기
닫기	• 마음 쓰기 - 오늘의 이야기 속에서 가장 인상 깊은 장면에 관해 말하기 - 나의 마음에 새로운 꿈이 생겼다면 어떤 것인가?
준비물	-A4용지, 개인 펜, 전지, 매직펜 세트, 토킹스틱, 접착테이프, 음악 등

회차	○회차	주제	감수성 1

■ 목표: 나의 감각을 살펴보고 감정을 알아차리고 발견하는 시간을 갖는다.

열기	• **첫 만남의 디딤돌** - 서로의 기대감을 나눈다. - 서로의 얼굴을 보며 상대의 감정을 알아본다. • **액션 메소드** - 풍선에 얼굴그리기, 풍선 바운스
전개	• **감정의 풍선** - 감정카드를 활용하여 감정의 의미들을 파악한다. - 자신의 핵심 감정 3가지를 선택하여 풍선의 색깔을 정하여 분다. 예) 분노: 빨간색, 우울: 파란색, 행복: 연두색, 슬픔: 보라색, 즐거움: 노란색 등 - 감정이 어떻게 표현되는지 감정의 로드맵을 그린다. 감정의 로드맵은 처음 시작되는 감정의 촉발 지점을 표시하고 이후 감정이 어떻게 변해 가는지 선으로 연결하며 그린다. 예) 엄마에게 혼남->무섭고 두려움->짜증이 나기 시작->엄마가 또 잔소리를 하심-> 무기력: 아무것도 하기 싫은 마음이 들어 몇 시간 침묵함. - 감정의 무게감을 퍼포먼스로 표현하기: 가볍다면 가벼운 물건 들 듯, 감정이 무거운 상태라면 무거운 물건 들 듯이 표현한다.

	• 연극으로 나만의 감정 표현하기 - 감정의 무게가 가장 무거운 것부터 나열한다. - 감정의 무게 중에서 하나를 선택해 자신의 상황을 그룹별로 이야기를 나눈다. 　예) 내 감정이 무겁게 느껴지는 이유를 이야기하기 - 그룹별로 하나의 이야기를 선택하여 극으로 표현한다. 　주인공의 느낌을 알아본다. - 교사가 개입하여 감정 속에서 떠오르는 생각을 표현하도록 안내한다. 　줄다리기: "네가 그랬지!"-"내가 뭘!" 　(대부분 무거운 감정이나 부정적 감정에 휩싸이는 경우, 관계 문제인 경우가 대부분이기 때문에 상대방을 가상으로 인식할 수 있는 몰입 장면을 설정함) - 내가 선택한 것 외에 다른 감정을 발견한 것이 있는지 알아본다. 
	• 핵심감정의 풍선 터트리기 - 핵심 감정의 풍선 터트리기 퍼포먼스
닫기	• 마음 쓰기 - 오늘의 이야기들 속에 가장 인상 깊은 장면에 관해 말하기 - 감정에 대해 새롭게 알게 된 것을 말하기
준비물	-색깔별 풍선, 매직펜 세트, A4용지, 볼펜, 토킹스틱, 접착테이프, 음악 등

3장. 학급의 관계를 만드는 Mom 놀이 + Mam 놀이

사람의 몸은 신체와 정신, 영적인 것으로 구성된 총합체입니다. 그래서 하나의 방식으로만 소통하지 않고 총체적인 표현과 반응을 하는데, 몸과 마음, 심리적인 부분과 영적인 부분, 감정과 느낌, 과거와 미래가 '오늘'이라는 광장에서 만나 다양하게 표출합니다. 인간이 지닌 삶의 대부분은 본래 지향하고자 하는 존재 가치에 따라 살아갈 때 즐거움과 기쁨이 생성되지요. 우리가 지향해야 할 존재 가치를 압축하여 표현하면 '평화'입니다. 그래서 평화를 지향하는 곳에는 인간 본연의 선함이 드러나고 공감과 소통이 빛을 발합니다. 여기에서 '놀이'는 우리가 평화를 배울 수 있고, 평화를 통해 세계를 볼 수 있으며, 평화를 위해 할 수 있는 것을 배우는 좋은 도구가 될 수 있습니다.

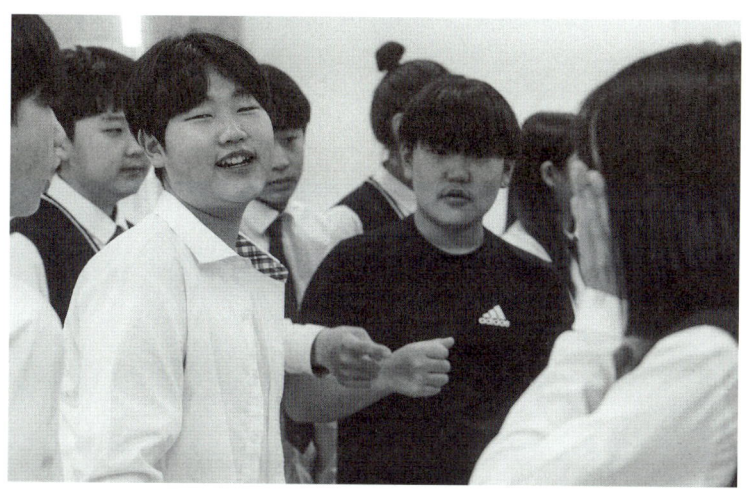

학급에서 '놀이를 한다' 하면 간혹 오해를 하는 경우가 있습니다. 가장 큰 오해는 새로운 학기 첫 주간 정도에 하는 '관계 맺기' 프로그램의 일종으로 여기는 것입니다. 물론 새 학기 관계 형성을 위해 놀이를 하는 것은 좋은 도구이며 과정입니다. 그러나 우리는 어느새 놀이를 특정 주간에나 하는 '이벤트'처럼 여기게 되었습니다. 다른 때는 교과 진도 나가기 바쁘니 놀이할 시간이 없다고 할 수 있습니다. 그런데 진지하게 생각해 보면 지금 일어나고 있는 거의 대부분 학교폭력의 촉발 지점은 잘못된 관계 형성의 문제입니다. 학급에서 골치 아파하는 문제 역시 교사와 학생, 학생과 학생 간에 잘못 형성된 관계 문제입니다. 그렇다면 거꾸로 생각해 볼 필요가 있습니다. 관계 형성의 과정을 새 학기에만 해도 되는지 말입니다. 매월 시간을 정해 놓고 관계 형성을 위한 놀이와 활동, 학습을 해야 하지 않을까요? 물론 관계 형성을 위해 놀이와 활동만 해야 한다는 것은 아닙니다. 수업 자체가 관계 형성을 위한 활동이 될 수 있으니까요. 관계 형성은 지속되어야 한다는 말씀을 강조하는 것입니다. 놀이는 학생들을 자극하는 대중문화의 발현장이거나 폭력적 하위문화가 요동치는 현장이지 않아야 합니다. 학교에서 놀이를 하는 이유는 평화교육의 실천이며, 아이들 존재 자체가 평화가 되는 경험을 하기 위해서입니다. 이러한 의미에서 학급에서 놀이를 할 때 다음과 같은 의미를 생각하면서 구성해 보면 어떨까요?

첫째, 놀이는 학생의 경험을 표현하고 재연하는 방식이며 다른 사람들과 소통하는 길을 열어주는 의미가 있습니다.

둘째, 놀이는 학생의 과거와 현재, 그리고 미래의 가능성을 서로 조화롭게 엮어 창의적인 발상을 하도록 만드는 기능이 있습니다.

셋째, 놀이는 학생이 지니는 어려움을 이해할 수 있는 기회를 제공하는 역할을 합니다.

넷째, 놀이는 학생들이 놀이를 함으로써 얻는 즐거움뿐만 아니라 진지한 경험도 제공할 수 있습니다.

또한 학급에서 놀이를 하는 이유에는 평화감수성을 훈련하기 위함입니다. 역시 놀이만으로 평화감수성을 연습하라는 의미는 아닙니다. 여러 도구와 과정을 구성할 수 있겠으나 놀이는 아이들의 핵심적인 반응을 일으키는 즉발적으로 드러나는 심리적 기제를 확인할 수 있고 폭력으로 대응하려는 감정과 행위에 대하여 집중할 수 있다는 점에서 중요한 가치를 지닙니다. 따라서 평화감수성이 놀이와 만나는 지점을 깊이 살펴볼 필요가 있는 것이지요. 그 필요를 다음과 같이 제안합니다.

첫째, 일상에 스며든 반평화와 폭력의 문제를 구조적으로 이해하고 이에 대해 문제를 제기하려면 평화감수성 훈련이 필요합니다.

둘째, 평화감수성 훈련이 중요한 것은 평화에 대한 주제나 평화를 이루는 방법, 평화롭게 살아가는 길이 학생들에게 쉽게 다가오지 않기 때문입니다.

셋째, 차이와 다름, 공존과 공생의 단어들을 어떻게 살아내는지는 구체적인 학습과 작업이 필요합니다.

넷째, 반평화, 일상의 폭력의 문제를 끊임없이 자신의 문제로 받아들임으로써 책임에 대한 인식과 행동을 이끌기 위해서입니다.

놀이를 통해 평화감수성을 키울 수 있다는 것은 널리 알려진 방법입니다. 폭력적인 관계를 지양하고 존중과 신뢰를 바탕으로 한 관계는 배워야 하는 부분입니다. 절대 저절로 이루어지지 않습니다. 학급에서 다음과 같은 프로그램을 참조하여 놀이를 구성해 보시길 제안합니다.

관계를 세우는 놀이

> 누가 이 동작을 시작했을까?

① 한 명의 술래를 정하면 술래는 원 밖으로 나가 바깥쪽을 바라봅니다.

② 원으로 둘러앉은 사람 중에 처음 동작을 시작할 사람을 정하고 전체가 동작을 따라 하기 시작합니다.

③ 동작이 시작되면 술래는 원 중앙으로 들어와 처음 동작을 시작한 사람을 찾아냅니다.

④ 동작을 시작한 사람은 술래가 눈치채지 않게 연속적으로 동작을 바꿔줘야 하며(정지 동작은 안 됨), 술래는 세 번까지 처음 동작한 사람을 지목할 수 있습니다.

*놀이를 마치고 나서 술래였던 사람에게 어떤 들었는지 질문했을 때, 혼란스러웠다, 왕따 당하는 기분이었다는 의견을 많이 이야기합니다. 왕따, 소외감, 외로움을 느낄 때는 언제인지 함께 이야기 나누고 '그런 일이 일어날 때 나는 무엇을 할 수 있는지' 대화할 수 있습니다.

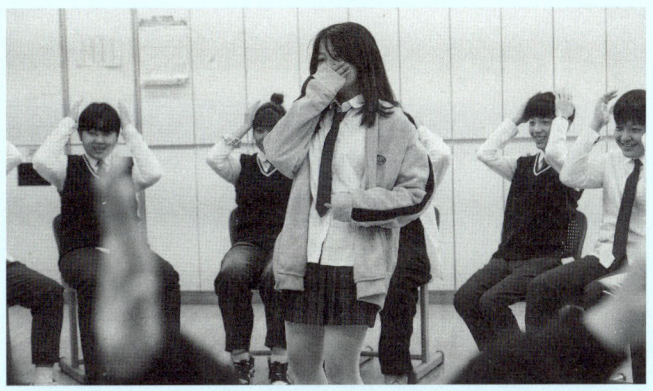

> 1대 100

① 학급 전체가 둥근 원을 만들어 옆 사람의 손을 잡고 끊어지지 않게 합니다.
② 한 사람의 술래를 정하기 위해 자원을 받습니다.
③ 술래는 안대로 눈을 가리고 원 가운데 위치합니다.
④ 둥근 원을 만든 학급 구성원은 아래 4가지 규칙을 지키면서 술래에게 터치를 당하지 않도록 노력해야 한다.
 - 둥근 원으로 손을 잡은 사람들은 소리 내지 않고 이동하고 술래에게 잡히지 않도록 해야 합니다.
 - 연결이 끊어지면 먼저 손을 놓은 사람이 술래가 됩니다.
 - 원형의 형태는 자유롭게 변형할 수 있으나 술래가 원 밖으로 나가게 해서는 안 됩니다.
 - 술래는 과격하게 뛰어다니거나 사람들을 터치할 때 아프지 않도록 주의해야 합니다.

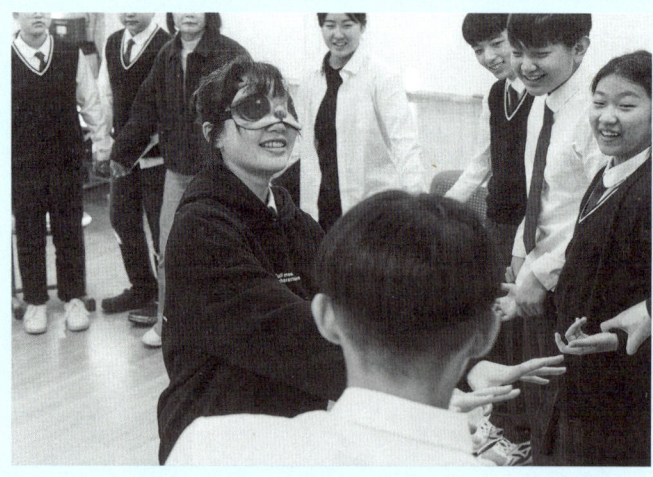

⑤ 술래가 다가올 때 전체 원이 함께 움직여 압박을 받는 사람들이 더 넓은 지역으로 이동할 수 있도록 배려하는 것이 놀이의 핵심입니다.

*1대 100은 1명과 100명의 대결이라는 뜻입니다. 100명의 지혜로 한 명의 술래를 피하는 방법을 배웁니다. 주의해야 할 것은 술래를 맡은 사람을 놀리거나 발소리를 내서 유도해서는 안 됩니다.

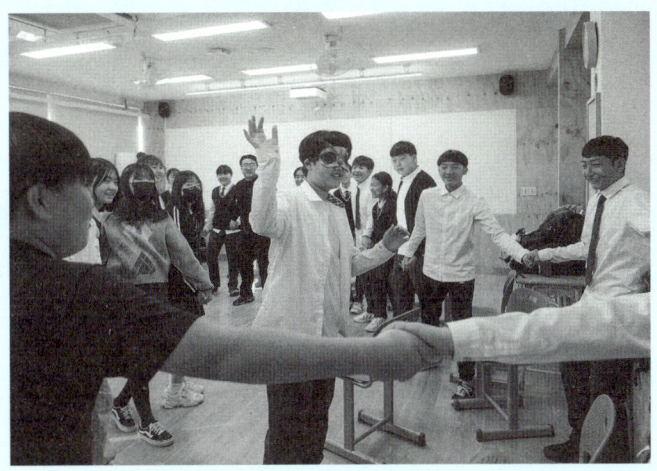

> 경청 훈련 1:
> 감각은 모두 다르다는 것을 인정하기

① 한 친구의 이야기를 듣고 학급 전체가 개인적으로 그 이야기에 맞는 그림을 완성합니다.
② 말하는 친구는 자신의 경험을 이야기를 하거나, 제시된 특정 이미지를 보고 다른 친구들에게 설명합니다.
③ 이야기를 경청한 사람은 준비된 종이에 자신이 들은 바를 그림으로 그립니다.
④ 그림의 결과를 모두 공유하고 왜 이렇게 그렸는지 이야기합니다.

> 경청 훈련 2:
> 친구의 입장으로 말하기-친구의 이야기를 잘 듣고 행동하기

① 비행기와 관제탑으로 역할을 나눠 두 사람이 짝을 정합니다.
② 비행기 역할을 한 학생은 안대를 쓰고 출발선에 섭니다.

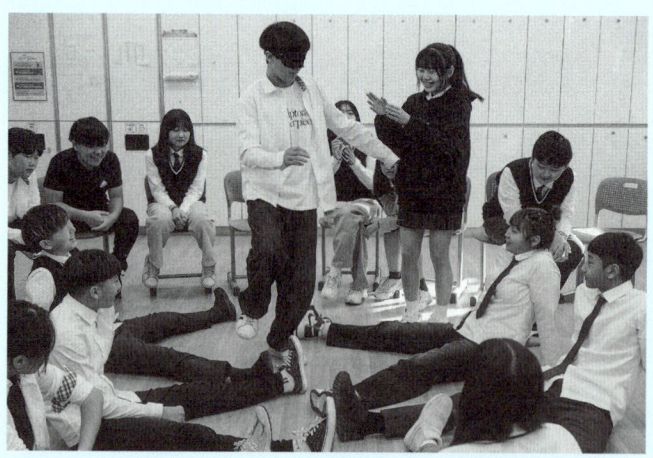

③ 관제탑 역할을 맡은 학생은 비행기 주변에 서서 가야 할 위치를 설명합니다. 이때 친구가 잘 알아들을 수 있도록 구체적으로 설명해야 합니다.
④ 비행기는 오로지 관제탑의 이야기만 들으며 미션으로 주어진 미로를 빠져나가야 합니다.
⑤ 미로는 학생들이 서로의 발을 번갈아 놓거나 종이컵을 놓고 지나가는 방식 중에 선택합니다.
⑥ 서로 번갈아 가면서 안내해 보고 경청의 느낌을 이야기합니다.

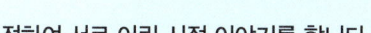

친구의 이야기를 경청하고 그림으로 표현하기

① 1:1로 짝을 정하여 서로 어린 시절 이야기를 합니다.
② 서로 들은 상대방의 이야기를 나만의 그림 방식으로 표현합니다.
③ 이후 결과를 그룹별로 나누고 마음에 와닿는 작품을 선택합니다.
④ 그림으로 표현된 스토리를 모둠에서 연극(멈춤 동작, 조각)으로 표현합니다.

*나만의 방식으로 표현하는 도구로는 상대방의 이야기를 듣고 '책 이름 짓기', '상대의 이야기를 듣고 친구의 인생 색깔 정하기', '친구의 이야기로 작사를 한다면 노래 제목은 무엇일까?', '친구가 이런 사람이 될 거라고 예언하기' 등 다양하게 표현할 수 있습니다.

> 풍선 한발

① 학급 전체가 술래를 피해 교실의 다른 공간으로 피합니다. 교실 공간을 확보하기 위해 책상, 의자는 한쪽으로 밀어 놓아야 합니다.

② 처음 한 사람이 술래가 되어 풍선을 가지고 있습니다. 시간이 지날수록 술래가 여러 명이 될 수 있습니다.

③ 술래와 전체 참가자 모두가 "풍선 한발"이라고 외치며 크게 한 발씩 이동합니다. 이때 참가자들은 술래의 풍선에 닿지 않도록 다른 방향으로 한 발을 가야 합니다.

④ 술래는 "풍선 한발"이라고 외칠 때마다, 한 발씩 이동하면서 다른 사람을 추격합니다.

⑤ 풍선에 닿는 사람은 술래가 되고 그 자리에서 다시 모두의 위치를 다시 정해 시작합니다.

*주의할 점은 풍선으로 친구의 얼굴을 치면 안 됩니다. 반드시 몸을 터치해야 하며, 때리는 방식을 삼가야 합니다.

> 머리, 어깨, 무릎, GO!

① 학급 전체가 두 줄로 짝을 맞춰 마주 보고 앉습니다.

② 앉는 자세는 무릎이 땅에 닿지 않도록 세워 앉아야 하고 불편한 사람은 바닥에 앉아도 괜찮습니다. 두 줄로 마주 보고 앉아 있는 사이로 선을 그어 놓거나 테이핑하여 기준선을 만들면 좋습니다.

③ 두 사람 사이에 컵을 하나씩 놓고 신호에 맞춰 컵을 먼저 잡는 사람이 이기는 것이라고 설명합니다.

④ 진행자가 지시하는 대로 참가자는 양손을 신체에 갖다 댑니다. 예를 들어, "머리, 어깨, 무릎, 귀, GO!" 이런 형태입니다. 진행자가 말의 간격을 빨리하면 긴장감이 높아집니다.

⑤ 갑자기 진행자가 GO! 라고 말할 때 컵을 먼저 잡는 사람이 이깁니다. 한 줄이 몇 승까지 가능한지 집중하도록 요청하면서 즐기는 놀이입니다.

공감을 만드는 놀이

가면 전달하기

① 둥글게 원형으로 앉아 처음 사람을 정합니다.

② 처음 사람은 자기가 선택한 감정 표현을 얼굴 표정으로 전달하기 위해 준비합니다. 현재의 감정이 아니라 본인이 선택한 감정을 전달합니다. 감정을 표현하기 어렵다면 표정만으로 전달할 수 있습니다.

③ 처음 사람은 얼굴 표정을 숨기기 위해 가면으로 얼굴을 가립니다.

④ 진행자가 '시작!'이라고 외치면, 처음 사람이 두 번째 사람에게 표정을 보여주어 전달합니다. 이때 처음 사람의 표정을 잘 관찰하여 제대로 반영할 수 있도록 노력해야 합니다.

⑤ 처음 사람의 얼굴 표정을 릴레이로 전달하여 맨 끝 사람까지 이르고 어떤 표정으로 이해했는지 돌아가며 이야기를 나눕니다.

모두의 감각을 연결하기 위해서는 신체 감각을 활용한 활동을 하면서 그 느낌을 소감으로 나눠야 합니다.

① 복도 걸어보기
　- 평소 생활하고 거닐던 복도 한 구간을 말없이 침묵하며 걸어보기

② 눈을 가리고 다른 감각 느껴보기 - 안대 쓰고 걸어보기
　- 두 명씩 짝을 지어 한 사람은 안대를 쓰고, 상대방은 눈을 뜨고 안대 쓴 친구의 손을 잡고 복도 한 구간을 돌아오기
　- 두 사람 모두 말을 해서는 안 되며 침묵을 유지합니다.

③ 전체 서클로 이야기 나누기
　- 안대 쓰고 돌아본 느낌 나누기
　- 걸으면서 들리는 것, 느껴지는 것, 만져지는 것 나누기
　- 장애물이 무엇인지 이야기하기
　- 일상에서는 나에게 보이지 않았지만 지금 느껴지는 것은 무엇인지 나누기

> 둘 씩 연결지어 동작하기

① 무브먼트: 체격이 비슷한 사람과 짝하여 손을 잡고 쓰러지지 않게 당겨 보고 걸어봅니다.

② 서로 어깨를 기대어 보고 걷습니다.

③ 목을 서로 교차해서 어깨끼리 어긋나게 기대어 균형 잡고 걸어 봅니다.

④ 두 그룹으로 나누어 보이는 사람의 동작을 보고 따라 합니다.

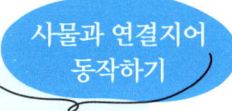

사물과 연결지어 동작하기

① 물병(500ml) 끼고 걸어보기

② 물병 없이 있는 것처럼 걷기

③ 물병을 몸의 각 부위에 얹고 걷기

> 여럿이 사물과
> 연결지어 동작하기

① 두 사람씩 물병을 살짝 잡고 움직여 보기
② 네 사람이 합쳐서 물병을 들어 올리기
③ 여덟 명이 합쳐서 동작하기

① 학급 전체가 원형으로 앉고, 원 가운데에 작은 원을 그리거나 표시합니다.
② 의자 숫자는 전체 인원보다 하나 적게 놓습니다.
③ 술래가 나와 참가자들과 인사를 나누고 반가운 친구가 누구인지 설명하면, 그에 해당하는 친구들이 서로 자리를 바꿔 앉아야 합니다. 이동할 때의 규칙은 바로 옆자리로 가지 않기, 다른 사람을 밀치고 앉지 않기 등입니다. 술래가 가운데로 나와 이렇게 인사하고 참가자들과 주고받습니다.
"얘들아 안녕~반가워", "안녕~반가워"
"나는 ~~한 친구들이 반가워"
④ 해당하는 사람은 원 가운데 부분을 한번 찍고 자리를 찾아가서 앉습니다. 자리를 못 찾은 사람이 술래를 합니다.

풍선 바운스

① 5~6명이 한 그룹으로 원형으로 앉습니다.
② 각 팀에게는 풍선 하나씩이 주어지고 모두 옆 사람의 손을 잡고 온몸을 이용해 풍선을 머리 위까지 튕겨야 합니다. 주로 양쪽으로 잡은 손을 이용하고 발이나 어깨, 머리 등으로 풍선을 튕길 수 있습니다.
③ 팀은 풍선을 튕기는 동안 의자에서 엉덩이를 떼지 않아야 하고 손을 놓지 말아야 합니다.
④ 힘의 균형, 감각, 협력으로 오랫동안 풍선의 바운스를 유지해야 하며, 풍선이 원을 벗어나지 않도록 주의해야 합니다.

절대 반지

① 원형으로 둘러서서 모두 눈을 감은 뒤 두 손을 모아 합장을 합니다.
② 진행자는 합장한 참가자들이 눈을 감고 있을 때 조용히 다가가 누군가의 손에 반지를 숨깁니다.
③ 모두 눈을 뜨고 서로 절대 반지를 가지고 있는 사람을 발견하기 위해 표정을 살핍니다.
④ 한 사람 한 사람 합장한 손을 감싸고 눈을 보며 인사를 나눌 때 반지를 가진 사람은 표시하지 않고 은밀하게 다녀야 합니다.
⑤ 약 20초 정도 사방으로 다니면 인사를 나눈 후 모두가 절대 반지를 가진 사람이 누구인지 가리켜 봅니다.
⑥ 절대 반지를 찾지 못하더라도 서로의 표정을 관찰하고 살피는 것이 놀이의 초점입니다.

도미노로 장애물 건너기

① 모두 나와 두 줄로 앞을 보고 서서 둘씩 손을 잡습니다.
② 긴 막대 양 끝에 줄을 매어 양쪽 줄을 잡은 사람이 두 줄로 서 있는 친구들의 처음부터 끝까지 뛰어 막대가 발밑을 통과하도록 합니다. 막대가 지날 때 모두 펄쩍 뛰어 장애물을 넘어가야 합니다. 처음부터 마지막 순서까지, 다시 뒤돌아 있을 때 뒤쪽부터 진행할 수 있습니다.
*막대를 들고 뛰는 사람들은 한 번씩 교체해서 진행합니다. 과하게 막대를 움직여 넘어지지 않도록 주의해야 합니다.

소통으로 즐거워하는 놀이

다른 그림 찾기

① 모두 두 줄로 서서 일대일로 마주 봅니다.

② 바로 앞에 있는 사람과 짝을 이루어 30초 동안 상대방을 관찰합니다. 머리는 어떤 모양인지, 어떤 옷을 입었는지, 신발 끈은 잘 묶여 있는지 등 머리부터 발끝까지 세심하게 관찰합니다.

③ 관찰이 끝나면 모두 서로 등을 돌리고 선 채, 각각 세 가지씩 자기 자신의 모습에 변화를 줍니다. 한쪽 소매를 접어 올리거나 신발 끈을 풀어놓거나 눈으로 직접 확인할 수 있는 것이어야 합니다.

④ 변화가 마무리되었다면, 다시 뒤를 돌아보고 30초 동안 서로 달라진 점을 찾아 이야기합니다.

⑤ 서로에 대해 느낀 점을 이야기합니다.

> 세 개의 의자

① 무대로 정해 놓은 곳에 의자 세 개를 나란히 놓고 한 사람씩 앉습니다.

② 또 다른 한 사람은 적당히 떨어진 거리에 서서 30초의 시간을 잽니다.

③ 가운데 앉은 사람은 '듣는 사람(청자)'이 되고, 양쪽에 있는 사람은 흥미로운 이야기를 하거나 재밌는 소리를 내면서 듣는 사람의 관심을 얻어야 합니다. 시간을 재는 사람이 30초를 세는 동안 두 사람은 동시에 가운데에 앉은 청자를 향해 말을 하거나 재미있는 소리를 내야 합니다.

④ 30초의 시간이 다 흐른 뒤에 청자는 누구의 이야기에 더 집중이 잘 되었는지 말합니다.

*주의할 것은 말하는 사람은 반드시 의자에 앉아 있어야 하며, 청자는 말하는 사람을 바라볼 수 없습니다. 또한 말하는 사람은 듣는 사람의 몸에 손을 대서는 안 됩니다. 진행자는 말하는 사람에게 서로 다른 주제를 제시하여 이야기를 시작할 수도 있습니다.

> 아이컨텍트 스위치 놀이

① 모두가 원형으로 둘러앉아 있다가 눈이 마주치는 사람과 자리를 교환하는 놀이입니다.
② 두 사람 모두 눈이 마주쳐야 하며 바닥을 쳐다보거나 다른 곳을 응시해서는 안 됩니다. 서로가 얼굴을 보고 눈빛 교환하는 것을 원칙으로 합니다.
③ 정해진 시간 안에 별도의 신호 없이 진행하여 서로 소통하는 것을 원활하게 진행합니다.

> 잃어버린 친구를 찾아서

① 원형으로 둘러서서 각자 자신만의 애칭을 정합니다. 지속하여 사용하는 애칭이 아니라 놀이할 때만 쓰는 별칭입니다. 예를 들어, 사과나무, 구름, 바다, 개구리 등 자신이 좋아하는 단어로 정합니다.

② 둘씩 짝을 짓고(세 명도 가능) 짝에게 자신의 애칭을 알려주어 기억하게 합니다. 나도 상대방의 애칭을 기억해야 합니다.

③ 모두 눈을 감고 손을 삼각형 모양으로 자신의 코앞 20cm 정도로 만들어 '가드'를 만듭니다. 눈을 뜨지 말아야 하고, 가드를 풀지 않아야 합니다.

④ 진행자가 '출발!'이라고 신호를 주면 각자 눈을 감고 가드 자세를 취하여 사방으로 이동합니다. 이때 짝과 함께 다니지 않도록 하며, 자신이 정한 대로 이동해야 합니다.

⑤ 눈을 감고 이동하면서 가드가 부딪치는 상황에서는 서로 "미안합니다"라고 인사하며 지납니다.

⑥ 진행자가 보기에 어느 정도 이동을 했다면, "친구를 찾으세요!"라고 외침과 동시에 각자 친구의 애칭을 부르며 찾아 나섭니다. 찾을 때 역시 눈을 뜨거나 가드를 풀어서는 안 됩니다.

⑦ 잃어버린 친구를 애칭을 불러 찾았을 때만 눈을 뜰 수 있으며, 친구를 찾은 사람은 함께 자리에 가서 앉습니다.

⑧ 마지막까지 친구를 찾는 사람이 누구인지 살펴보며 서로에게 어떤 의미인지 이야기합니다.

> 무인도에서
> 모두 살아남기

① 학급 전체가 둥글게 원형으로 의자에 앉습니다.
② 진행자가 무인도로 '출항!'이라고 외치면, 모두 일어나 의자 앞에 서서 눈을 감습니다.
③ 모두가 눈을 감고 있을 때 진행자는 의자 몇 개를 뒤로 빼놓고 몇 초가 흐르면, 무인도 '도착!'을 외칩니다.
④ 무인도 도착! 소리를 듣자마자 참가자들은 모두 의자 위로 올라갑니다. 이때 의자가 없는 사람을 자신의 의자 위로 올려주어 함께 올라갈 수 있도록 돕습니다.
⑤ 출항과 도착이 많아질수록 의자 숫자는 줄어들고 참가자들은 서로를 의지하여 의자 위로 최대한 많은 사람이 올라갈 수 있도록 도와야 합니다. 이때 의자 위를 규정하는 것은 의자 받침대를 포함하며 의자와 의자 사이를 걸쳐 있어도 무방합니다.
⑥ 몇 개 남지 않은 의자에 최후까지 살아남도록 돕는 작업이 놀이의 초점입니다.

4부. 관계의 로드맵을 만드는 대화

교실 관계망을 '인수분해'하다.

1장. 우리는 매일 대화를 연습한다.

우리는 일상에서 '대화'를 타인을 향한 '말하기'로 여깁니다. 상대방과 말을 주고받으며 지식과 정보를 공유하고 나눴을 때 '대화를 했다'고 느낍니다. 그러나 대화의 본질은 '말하기'와는 확연히 구분됩니다. 대화는 쌍방에게 내재적인 흐름이 통하면서 진실과 옳음, 통찰이 주어지는 것이기 때문입니다.

데이비드 봄(David Bohm)은 「대화란 무엇인가」에서 대화의 의미를 보다 본질적인 의미에서 탐색합니다. 영어 단어 'dialogue'는 그리스어인 'dialogos'에서 유래했는데, 여기에서 'logos'는 '말'을 뜻하고, 'dia'는 '~를 통과하여', '~사이로'라는 뜻을 지닌다는 겁니다. 그는 대화의 정신이 존재한다면 혼자서도 대화가 가능하다고 여깁니다. 그러므로 대화란 "어원을 통해서 보면 우리의 내면과 타인 사이를 통과하는 '의미의 흐름'인 것"입니다.

그러나 우리들 대다수는 대화를 잘하지 못합니다. 날마다 사람들과 '대화'하며 살고 있는데 대화를 잘 못한다니, 이게 무슨 의미일까요? 우리가 보통 '대화'라고 부르는 것은 통상 '담화(conversation)'를 일컫는 말입니다. 지식과 정보를 교류하며 살아가기에 담화는 일상의 소통에서 아주 중요한 위치를 차지하고 있지요. 그런데 대화는 다른 색채를 띠고 있습니다. 내재적인 '통함'이 대화하고 있는 서로에게 존재하는 것입니다. 일상에 필요한 소식이 아니라 실존적인 깨달음이 발생하는 데까지 올라서는 노력이 대화의 본질입니다. 그래서 대화를 하는 이들은 자기의식의 흐름을 점검하고 내가 집단적 사고에 물들어 생겨난 프레임에서 조금은 물러나 있는 자세를 취하는 것이 필요합니다. 그렇게 유보하는 태도를 지니지 않는다면 내가 모르는 이야기를 아는 것 마냥 고집할 수 있습니다.

잠시만 생각해 보세요. 내가 하루에 대화를 하는 시간이 얼마나 되는지요. 말은 많이 하고 있는데, 지식과 정보의 교류에서 그치는 것은 아닌지 돌아볼 필요가 있습니다. 가정에서 아내와 남편, 부모와 자녀 사이에 어떤 소통 구조가 존재하는지 생각해 봐야 합니다. "밥은 먹었니?", "학교는 잘 다녀왔어?", "숙제는 다 했니?", "오늘 특별한 일은 없었어?", 부모의 질문에 "아무 일도 없었어요."라는 말로 하루가 마무리 되고 있는 현실이 엄연히 존재합니다. 담화 중심의 소통은 소재에 집중합니다. 다분히 개인의 취향과 관심사가 반영되는 말들이 많아지지요. 학급에서 어떤 사건이 벌어진다면 소재 중심의 담화는 누가 그랬는지, 왜 그랬는지, 어떻게 해결할 것인지 같은 문제해결에 집중합니다. 당연히 관계성은 소외될 수밖에 없습니다.

반면, 대화는 관계 중심적인 소통구조를 선택합니다. 감정과 마음의 흐름, 내면에서 흘러나오는 의미가 전달되는 대화를 중요하게 여깁니다. 기억과 고통의 문제를 가벼이 여기지 않고 관계 중심으로 풀어가려는 방식을 선택하지요. 여기에서 하나 기억해야 할 것은 대화는 옳고, 담화는 그르다는 것이 아닙니다. 대화와 담화는 인간의 삶에서 반드시 필요한 소통 방식입니다. 문제는 담화만 존재하는 현실입니다. 서로의 마음을 전달하지 못하는 상태에서 삶이란 어떤 의미가 있을까요? 학급에서 존중을 위한 약속을 아무리 많이 정해 놓은들 '대화' 없는 교실이 무슨 의미가 있겠습니까?

소재중심의 소통
사건 중심, 해결구도, 관계성의 소외

관계중심의 대화
감정, 느낌, 기억, 고통에 관한 열린 소통 구조

우리가 서로 공존하려면 대화를 '연습'해야 합니다. 대화는 '의도적'인 특성이 있습니다. 안전한 상태에서만 대화가 가능한 것이 아니라 대화를 시작하게 되면 안전해지는 것입니다.

그렇다면 대화를 연습하기 위해 어떻게 해야 할까요? 무작정 대화를 시도하는 것도 방법이겠지만, 교실에서는 쉽지 않은 도전입니다. 대부분의 학생들이 무엇을 어떻게 시작해야 할지 어리둥절하고 있을 겁니다.

대화를 연습하기 위한 첫걸음은 대화를 위해 질문을 하는 것입니다. 시어도어 젤딘(Theodore Zeldin)은 옥스퍼드 뮤즈재단의 '대화의 만찬' 프로그램을 통해서 진정한 대화의 과정을 만든 것으로 유명합니다. 대화의 만찬 프로그램은 '대화를 위한 질문'이 사적인 정보나 지식과 정보를 교류하는 장으로서가 아니라 심도 깊은 '질문'에 대하여 '대화'를 시도하면서, 상대방의 고유한 존재성에 대한 인식과 자기 인생의 지적이고 도덕적인 통찰을 얻는 계기가 마련되게 했습니다. 우리 교실에서도 '대화'를 위한 '질문'을 시작할 수 있습니다. 아래의 예시를 통해 모둠별로, 혹은 두세 사람씩 짝을 지어 대화를 시도해 보면 어떨까요?

- 최근 나에게 중요한 일은 무엇입니까? 그 이유는 무엇일까요?
- 요즘 내가 주로 하는 생각은 무엇입니까? 그 생각은 나에게 어떤 영향을 미치고 있나요?
- 내가 가족에게서 배우는 것이 있다면 어떤 것입니까?
- 우리 교실에서 나는 어떤 친구입니까? 마음속에 있는 것을 표현해 보

세요.

- 내가 가장 아끼는 물건 몇 가지를 말해 주세요. 그 물건에는 어떤 사연이 담겨 있을까요?

- 나는 왜 학교에 다닐까요? 학교에 다니면서 유익한 점은 무엇입니까?

- '공부'의 가장 큰 목적은 무엇입니까? 내 생각을 들려주세요.

- 내가 주로 기뻐할 때는 언제입니까? 무엇이 나를 기쁘게 하나요?

- 내가 고통을 겪을 때 내게 힘이 되는 것은 무엇입니까?

- 최근에 다른 사람을 도와준 적이 있나요? 내가 친구를 도와야겠다고 생각할 때는 언제입니까?

몇 가지의 질문으로 풍성한 대화를 시작할 수 있습니다. 단답형으로 끝나는 말보다 친구와 관계가 성숙해지도록 계속해서 주고받아야 합니다. 처음 대화를 한다고 할 때, 어색해서 빨리 마무리하고 싶은 마음이 들 수 있습니다. 누구나 마찬가지지요. 타인 앞에서 이야기하는 것이 쉽지 않은 친구도 있습니다. 그래도 이 모든 것이 의미가 있습니다. 하나의 단계가 또 다른 성장을 불러일으킬 수 있으니까요. 서로의 생각을 나누다 보면 각자의 의식의 흐름을 엿보게 됩니다. 다름과 차이를 알게 되고 그것이 우리 모두의 가치가 될 수 있다는 것을 깨닫게 됩니다.

먼저, 대화를 위한 메뉴판을 만들어 보세요. 우리가 식당에 가면 메뉴판을 보고 음식을 고르듯 대화를 시작할 수 있는 '질문 메뉴판'을 만들 수 있습니다. 한 사람이 '질문 메뉴판'을 보고 어떤 질문을 선택한다면, 모두가 돌아가며 그 질문에 답을 하고 마무리되면 또 다른 사람이 다른 질문을 선택하여 모두가 이야기를 나누는 방식입니다. 대화가 소재에만 머물지 않고 친구들의 모습을 다각적인 측면에서 만날 수 있으려면 관계를 탐색할 수 있는 적절한 질문이 필요합니다.

둘째, 대화를 잘하기 위해서는 수업을 대화의 구조로 바꾸는 것입니다. 선생님은 안내자가 되고 학생들은 서로의 대화를 통해 '진리'를 찾아가는 방식입니다. 이러한 수업을 위해서는 사전 준비가 필요하겠지요. 기본적으로 선생님은 학생들에게 답을 쓰는 방식의 학습지를 내주지 않습니다. 학생들 역시 인터넷 검색을 통해 얻은 정보를 복사해서 붙이는 일은 하지 않습니다. 정보를 습득하는 것은 학습의 과정일 뿐 공부 자체는 아닐 겁니다. 교사의 안내를 통해 학생들은 정보를 습득하고 사유를 시작합니다. 자신의 것으로 체화되고 충분한 사유를 녹여낸 지식은 여러 가설들과 이야기를 내포하고 있습니다. 수업은 바로 학생들이 이렇게 준비해 온 내용을 함께 나누는 대화의 장이어야 합니다. 매번 이런 방식이 어렵다면, 프로젝트 수업이나 계기 수업을 통해 시도해 보는 것도 좋습니다. 핵심은 수업을 통해 대화하는 방법을 연습하고 사유를 확장해 나아가는 것을 경험하는 것이지요.

셋째, 우리는 대화를 통해서 내면의 목소리를 전달할 수 있습니다. 파커 J. 파머(Parker J. Palmer)와 같이 내면의 대화를 강조해 온 스승들은 교사와 학생의 내면을 지원하는 것이 그 사람의 외연을 확장하거나 외적인 성취보다 중요하다고 했습니다. 내면의 이야기를 잘 듣는 아이는 타인의 이야기에 귀를 기울일 수 있는 사람으로 성장합니다. 감정조절의 능력도 탁월합니다. 지금의 우리 아이들은 내면 관리가 절대적으로 필요합니다. 수치심의 방어기제로 날이 서 있는 아이들에게, 내 속에 있는 나를 사랑하는 방법을 알려줘야 하지요. 가장 기본적인 해결 방법은 표현하는 것입니다. 처음에는 몸으로 표현합니다. 동시에 내 속의 불편함을 욕으로 표출합니다. 부정적으로 받은 자기 암시를 몸으로, 욕설로 토해내는 것입니다. 대화는 불편한 몸과 마음의 가시를 듣는 통로입니다. 그곳이 안전한 공간이지요. 불편하다고 말하는 것이 들리는 교실, 내 말이 땅에 떨어지고 판단 받는 불안한 곳이 아니라 누구라도 내 이야기에 귀를 기울여 줄 수 있는 공간, 환대가 살아 움직이는 교실입니다.

초등학교 3학년 남학생이 있습니다. 통통하게 살이 찌고 운동감각이 또래에 비해 조금 뒤처지는 체격이라 체육시간에 축구경기를 할 때마다 급우들에게 핀잔을 듣습니다. 이 남학생이 공을 잡을 때마다 아이들은, "이 ××아, 저 ××새끼"라며 혐오와 차별적인 욕설, 비난을 서슴지 않습니다. 아이는 욕설을 들을 때마다 상처를 입습니다. 마음속에서는 '그저 다른 것뿐인데, 왜 욕을 하지?'라고 생각하지만, 속으로 생각만 했기에 해결되지 않습니다. 아이는 참다못해 엄마에게 말했습니다.

"아이들이 자꾸 ××새끼라고 욕을 해서 체육시간이 두려워요. 나는 몸이 잘 안 움직이는데 다른 아이들은 나보다 훨씬 잘해서 난 창피하고 두려워요." 아이의 눈에 눈물이 고여 있는 것을 발견한 엄마도 마음이 아파, 분명하게 해결해야겠다 싶어 선생님과 상담 후에 욕을 했던 아이들과 함께 모여 대화모임을 가졌습니다. 대화모임에서 욕을 했던 아이들은 사과하고 다시는 그러지 않겠다고 약속을 하고는 헤어졌습니다. 그런데 이후 아이가 자고 일어나면 몸이 아프다고 말하는 날이 생깁니다. 엄마에게 짜증내고 징징대는 것이 예사롭지 않습니다. 엄마는 아이가 어디 아픈가 했지만, 놀랍게도 그런 날은 체육 시간이 있는 날이었습니다.

아이가 몸으로 말하고 내면에서 울부짖는 소리를 우리는 들을 수 있어야 합니다. 대화를 통해 표현할 수 없다면 기다림을 통해 아이의 몸을 살펴주어야 합니다. 아이가 자신을 방어하는 것이 고착되면 자존감의 방식으로 스며들어 자아의 발달과 타인과의 관계에 심각을 영향을 받게 됩니다. 아이가 자기 마음에 있는 것을 잘 듣지 못할 때, 혹은 듣기를 거부할 때조차 직접 표현할 수 있도록 안내하고, 감정을 드러낼 수 있도록 도와야 합니다. 엄마와 아이와의 대화, 아이와 선생님과의 대화, 아이와 친구들과의 대화는 아이를 다시 평온한 자리로 안내했습니다. 몸으로부터 시작된, 대화를 향한 연습은 말로 표현하는 것을 넘어 의미를 전달하기까지 오랜 시간이 걸렸습니다. 그러나 그 연습하는 과정에 아이의 역할과 관계는 변화되었습니다. 이것이 대화의 위대함입니다.

평화수업은 대화를 연습하는 수업입니다. 서로의 존재를 인정하고 기대하며 경청하는 과정에서 신뢰가 생겨납니다. 평화 과목이 별개로 편성되어 있지 않지만, 모든 과목 수업의 바탕은 평화수업이 될 수 있습니다. 진리를 탐구하고 서로에 대한 신뢰를 쌓아가는 대화가 존재한다면 말입니다. 지금 바로 대화를 시작하십시오. 대화가 시작된 공간은 이미 평화가 임하는 현장입니다.

| 대화를 시작할 때 브레인스토밍할 수 있는 몇 가지 제안들 |

1. 소품으로 말하기

① 두 명씩 짝을 짓습니다.

② 각자 가지고 있는 물건 두 가지를 꺼냅니다.

③ 두 사람이 각각 꺼낸 물건 4개를 본래의 용도 외에 다른 사용법 두 가지를 생각하여 발표합니다. 이때, 두 사람은 자기 물건 외에 다른 친구의 물건까지 함께 생각해서 의견을 교환해야 하며, 반드시 본래 사용법을 벗어난 상상력으로 만들어 낸 용도여야 합니다.

* 예를 들어 두 사람이 볼펜과 10cm 자를 꺼냈다고 생각해 보세요. 그러면 두 사람은 서로 생각을 교환하며 볼펜과 10cm 자의 다른 사용법 2가지를 이야기해야 합니다.

- 볼펜: 손이 아플 때 손을 눌러 주는 지압용으로 씁니다. 머리가 가려울 때 머리를 긁는 용도로 사용합니다.
- 10cm 자: 책갈피로 사용합니다. 바닥에 붙은 껌을 뗄 때 사용합니다.

2. 카드 이미지로 이야기 만들기

① 3~4명이 모둠을 구성합니다.

② 진행자가 카드를 한 장씩 나눠주고 절대로 이미지가 나와 있는 면을 먼저 보지 않도록 합니다.

③ 카드를 보며 이야기를 할 거라는 것을 안내하고, 먼저 시작할 사람과 어느 방향으로 이야기가 진행될 것인지, 돌아가며 자기 차례가 될 때 몇 번씩 이야기할 것인지 정합니다.

④ 진행자가 하나, 둘, 셋! 이라고 신호하면, 세 사람은 동시에 카드를 뒤집어 이미지를 보고 이야기를 시작합니다. 이때 카드의 이미지를 풀어 이야기하기보다 세 사람이 가진 이미지를 상상하여 이야기를 연결합니다. 한 사람이 이야기를 멈추면 다음 사람이 이야기를 이어 진행합니다.
⑤ 예측할 수 없는 방식으로 이야기가 전개될 수 있다는 것을 인정하고 다른 사람이 말할 때 끼어들지 않아야 합니다.
⑥ 인원을 더 많이 모아 5~6명으로 이야기를 만들어 보고, 서로의 느낌을 나눕니다.

2장. 모두에 의한, 모두를 위한 서클 대화

•

지구상에서 가장 오래된 나무를 아시나요? 동일한 유전자를 지닌 한 개체가 서로 연결되어 8만 년간 서로 뿌리를 공유하며 살아온 미국 유타주 판도(Pando) 사시나무 군락(群落·같은 조건에서 떼를 지어 자라는 식물 집단)을 들어보신 일이 있을 겁니다. 'Pando'라는 이름은 라틴어로 '나는 뻗어나간다'는 말입니다. 이 거대한 고대 숲은 축구장 약 60개 면적(43㏊)에 4만 7000그루 이상이 자라는 숲 전체가 하나의 나무로 구성되어 있습니다. 이 나무는 모두 유전자가 완벽하게 동일한 복제 나무라고 합니다. 그래서 '평등한 관계성'을 갖고 있다고도 말하지요. 본래 뿌리로 연결된 나무다 보니 산불이 나거나 자연재해가 일어나도 계속 살아남을 수 있었습니다. 이러한 의미에서 판도 사시나무 군락은 '파괴적 창조(Disruptive Innovation)'라는 사례로 경영학에서 자주 인용됩니다. 극한 대립과 경쟁의 사회에서 초연결의 과정을 보여주고 있는 위대한 자연의 교훈이라는 것이지요.

미국 유타주 판도 사시나무 군락

*출처: unsplash.com, Alex Fredrich

우리에게 유구한 역사를 통과하며 교훈을 주는 자연이 있는가 하면 인간의 선함을 어떻게 연결해 나갈 수 있는지 드러내는 전통 역시 사라지지 않고 새롭게 재해석되어 우리에게 전수되고 있습니다. 바로 인간에게 대화로 연결할 수 있는 힘을 가져다주는 서클(Circle)에 관한 이야기입니다.

서클은 원형으로 둘러앉아 대화하는 모임의 형태를 말합니다. 아메리카 선주민(先住民)을 비롯한 세계 각지의 대화 전통과 종교적 의식의 영향을 받은 서클모임은 현대 사회에서 대화를 위한 다양한 필요를 채우고 있습니다. 많은 이들이 서클모임을 통해 대화의 위력을 경험하기 때문입니다. 대부분 서클 대화모임에 참여했던 사람들은 공동체가 지닌 역동과 소속감을 느낍니다. 판도 사시나무 군락처럼 '평등한 관계성'을 추구하여 참여자들 서로가 대화를 통해 연결된다는 것의 의미가 무엇인지 알게 되는 경우도 많습니다. 나만 이렇게 생각하는 줄 알았는데, 다른 사람들도 나와 비슷한 입장과 삶의 모습을 지닌다는 것을 알게 되니 정서적으로 안정이 되며 위안을 받습니다. 서클 대화로 더욱 깊은 신뢰의 구조에 들어서서 공동체가 환대의 문화를 경험합니다. 그렇다고 서클에서 나누는 대화가 다른 참가자들에게 드러내 보이기 위한 겉치장 정도에서 머물지는 않습니다. 혹 서클에서 제한된 시간 때문에 내가 말하지 못한 것이 있다면 다른 사람들의 이야기 속에 내 이야기가 흘러나오는 경우가 대부분입니다. 그러니 대화를 통해 공동체와의 '연결'을 경험하는 것은 타인에게 깨어있는 마음이 있을 때 생겨나는 에너지임을 알 수 있습니다. 이것을 교실로부터 경험하는 것이 우리가 추구하는 회복적 생활교육의 토대입니다.

서클모임이 우리 학급에서 정기적으로 진행된다고 가정해 보세요. 서클 대화 속에서 연결 작용이 매번 온전하게 이루어지지 못해도 이 대화를 통해 서클의 기본 가치인 수평적 구조, 평등, 존중의 방식, 공감, 경청, 다양성의 이해 등이 차곡차곡 쌓여갈 겁니다. 그렇게 된다면 학생들의 관계는 과거 경험을 바탕으로 예측 범위를 한정 짓던 익숙한 습관을 넘어서게 될 것입니다. 그야말로 신뢰가 축적되는 산 경험을 하게 됩니다. 실제로 우리 교실의 언어는 상당히 폭력적인 수준에 이르렀습니다. 누가 어디서 어디까지 개입해야 하고, 어떻게 손을 대야 할지 모를 정도라고 혀를 내두르는 선생님도 있습니다. 매일 반복되는 반평화의 언어가 일상에서 마주하는 학교의 대화라고 간주할 수밖에 없다면, 우리의 미래는 암울할 수밖에 없습니다. 서클 대화는 그래서 더욱 중요한 위치를 지닙니다. 학생과 교사가 서로를 사람과 사람으로 만나고, 관계 구조의 바탕을 존중에 두고 신뢰를 쌓기 위해 약속한 연습을 진행하는 것은 결코 무의미한 도전이 아닙니다. 다만 시간이 필요하기에 인내해야 하고, 좌충우돌하며 천천히 나아가도 되지만 학급 구성원들 서로가 '인격적 거리'에서 바라보고 만날 수 있는 연습은 지속되어야 합니다.

수평적 구조를 만드는 존중하기 연습 과정에서 '안전한 공간'이라는 개념이 생겨납니다. 개인이 편안한 마음이 들 때 개별적인 안전함을 느낄 수 있겠지만, 안전함은 나 뿐 아니라 그 누구도 자율성을 침해받지 않을 때 생겨나는 공동체의 정서적 흐름입니다. 안전한 공간에서는 누구도 비난받지 않고 말할 수 있으며, 자신의 이야기를 진행자의 안내에 따라 충분히 말할 수 있습니다. 경청의 분위기는 서로를 존중하는 가장 기본적인 태도겠지요. 서클에서 얻게 되는 유익입니다.

"발달 단계에 따라 사용하는 언어는 서로 다르지만, 서클 안에서 어떤 대화를 이어가는 경험은 가장 어린 학생으로부터 고학년에 이르기까지 모두에게 유익을 끼친다."

_캐롤린보이스-왓슨, 케이프라니스. [서클로 나아가기]. p.33

그래서 서클모임은 공동체의 안전한 하부구조를 형성하면서 동시에 문제를 해결하는 과정을 만들기도 합니다. 평소 자신과 타인을 연결하는 대화가 정기적으로 진행된 학급에서 문제가 발생한다면, 그 학급은 별도의 토대 위에서 문제를 해결하는 것이 아니라 신뢰가 쌓인 대화의 구조 위에서 갈등을 전환하게 됩니다. 문제가 발생하면 학급의 학생들이 자신들의 관계를 새롭게 설정할 수 있습니다. 서클 대화가 지속된 학급에서 문제가 발생하여 관계가 훼손되었다면, 서

로를 향한 관계의 약속을 재설정하고 신뢰를 다시 쌓아가기 위해 어떠한 노력이 있어야 하는지 성찰하게 됩니다.

이는 학급 관계망에 대해 다시 생각하게 만듭니다. 철저하게 분리되고 소외될 수밖에 없는 사회에서 사랑의 관계로 연결된다는 것의 실제 의미를 조망할 수 있게 하기 때문입니다. 중앙으로 힘을 집중하여 세력화하는 과거의 형태에서 벗어나 서로가 서로에게 연결되는 것을 '존중'으로 연습해 가는 모습, 피라미드 구조로 폭력을 쌓아가던 구시대적 발상에 저항하고 평화감수성을 높여 사고하는 공동체의 모습이 서클을 통해 꿈꾸는 형상입니다.

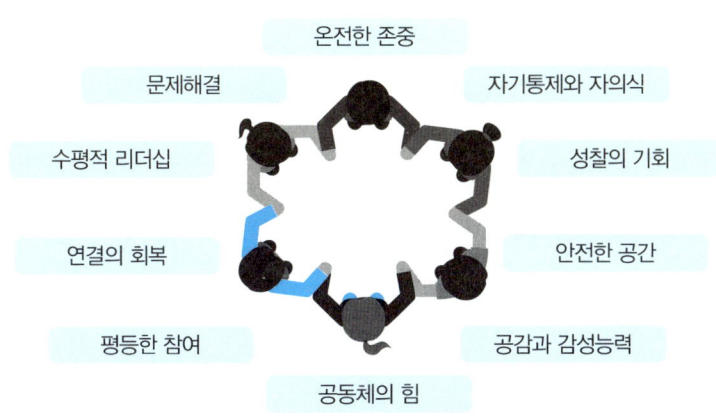

서클에서 경험할 수 있는 주요 가치들

| **서클의 과정 만들기** |

그렇다면 평화로운 교실을 디자인하기 위한 서클은 어떻게 만들어 가면 좋을까요?

서클은 일상과는 구별된 시간이며 모임이라는 것을 인식하는 것이 중요합니다. 구별되었다는 것은 일상과 분리되어 공동체, 원, 원의 중심에 이야기하는 나의 마음에 집중한다는 의미입니다. 서클에서 하게 될 이야기를 위해 남에게 들려줄 이야기를 조합하는 것에 신경 쓰는 게 아니라 나의 감정을 느낌으로 끌어올려 그대로 이야기할 수 있는 연습을 해야 합니다.

학급이 공동체(community)로 변화되는 과정을 살펴보면, 처음에는 학생들이 개인적 발현에만 치중하다 점차 모임의 규칙을 지키면서 경청을 하고, 집단성을 해체하여 그 속의 개별성을 소중하게 대하는 모습으로 성장하는 것을 볼 수 있습니다. 학생들 누구에게나 개별적으로 다양한 몸의 표출이 있고 그 방식이 평화롭거나 폭력적일 수 있습니다. 평화교육이 발달한 나라에서는 초등학교 저학년 때부터 자신의 감각을 다른 친구에게 공격적으로 표출하지 않도록 가르치고 있습니다. 누구라도 자신의 바운더리를 지킬 수 있는 권리가 있으며, 각각이 지닌 바운더리의 물리적이고 심리적 공간을 침범하지 않도록 연습합니다. 저학년은 물리적 폭력이 주요 관심사가 되는 소극적 평화 행동을 가르치지만, 고학년으로 올라갈수록 구조적이고 문화적인 폭력에 관해 통찰을 요하는 수업이 진행됩니다. 학생들은 '집단'에서 '공동체'로 변모해 갈수록 서로를 대상화하지 않으면서 폭력은 최소화하고 정의는 극대화하는 방법을 찾을 수 있습니다.

우리 교실에 나와 스타일이 다른 친구, 취향이 맞지 않는 친구가 있습니다. 이때 중요한 것은 무엇일까요? 학생들이 서로를 취향의 한계 속에서 상대하는 것이 아니라 평화 감수성, 존엄의 관점으로 대할 수 있도록 교육해야 합니다. 험한 말과 비난, 혐오와 조롱 섞인 말을 하지 않고 친절하게 대할 수 있는 것, 모든 아이가 서로를 향해 환대하는 마음으로 대화할 수 있도록 준비하는 것, 존재만으로도 기대감을 갖고 있다는 것을 느끼게 하는 것입니다. 이렇게 사랑받는 느낌이 책임의 과정으로 이어져 인격적 성장을 경험하게 하는 것이 구별된 서클이 지닌 의미입니다.

그래서 서클모임이 이루어지려면 다섯 가지의 기본 요소가 있어야 합니다.

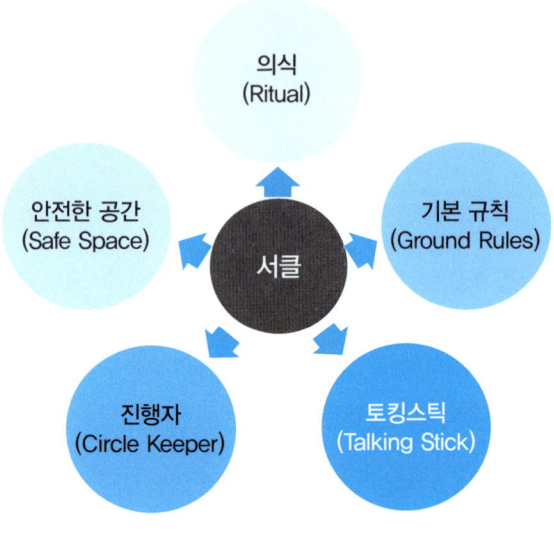

서클의 다섯 가지 기본 요소

- **의식 Ritual**

의식은 일상과 구별되고 서로가 환대하는 공간을 창조하기 위한 의미로서 진행됩니다. 보통 교실에서는 활용할 수 있는 의식으로는 침묵하기, 명상, 시 낭송, 함께 노래하기, 음악 듣기, 자신의 마음을 표현할 수 있는 몸 활동하기 등 여러 형태로 구성할 수 있습니다. 의식이라는 표현이 다소 딱딱하게 느껴질 수 있으나 '새로운 시간을 여는 문'이라는 측면에서 본다면 공동체의 이야기가 시작되는 지점이기도 합니다.

• **기본규칙** Ground Rules

서클이 운영되기 위해서는 모임을 지탱할 수 있는 기본규칙이 필요합니다. 일반적으로 사용하는 기본규칙은 4가지 정도입니다.

- 토킹스틱을 가진 사람만 이야기할 수 있습니다.
- 다른 사람의 이야기를 경청합니다.
- 서클은 처음부터 끝날 때까지 그 형태가 유지되어야 합니다.
- 서클에서 나온 이야기는 비밀보장이 되어야 합니다.

물론 위의 4가지 외에도 기본규칙으로 할 수 있는 요소가 있습니다. '마음을 다하여 말하기', '마음을 다하여 경청하기', '존중하며 말하기', '존중의 마음으로 듣기', '온전하게 신뢰하기' 등이 더 깊이 나눌 수 있는 기본규칙들 입니다. 어느 학교에서는 위의 기본규칙 이외에 부칙으로 '이야기하는 사람을 보고 이상한 표정을 짓지 말자'는 규칙을 정한 경우도 있습니다. 참가하는 학생들의 경험에 의한 규칙이 만들어진 것이지요. 기본규칙은 참가자들의 자발적인 참여를 통해 이루어지는 것인 만큼 여러 규칙이 추가로 존재할 수 있습니다.

• **토킹스틱** Talking Stick

토킹스틱은 서클에서 말하는 사람이 갖게 되는 작은 도구입니다.

'토킹피스(Talking Piece)'라고도 부르는데, 본래 아메리카 선주민의 '방위(方位)신앙'에 기원을 두고 있는 것으로 알려져 있습니다. '토킹스틱'은 그 자체로 선주민 전통과 신앙적 상징을 지닌 것이지요. 토킹스틱이 서클의 상징적 의미로 사용된 것은 사각지대가 없는 원형의 모든 곳에 생명이 숨 쉬고 있음을 의미합니다.

우리가 교실에서 사용하는 토킹스틱은 여러 형태가 있는데, 토킹스틱의 원형적인 의미를 생각해 본다면 학급 공동체의 이야기가 담긴 상징물이 좋을 것입니다. 학급의 소망을 담은 유리병, 학생들이 만든 소품, 평화를 상징하는 도구 등을 지정하여 우리 학급만의 토킹스틱으로 걸어놓는 것도 서클을 알리는 방법입니다.

- **진행자** Circle Keeper

서클모임이 운영되려면 훈련된 진행자가 필요합니다. 단지 참가자에게 기본규칙을 알려주고 토킹스틱을 건네는 역할을 넘어서서 서클의 의미와 철학을 고민하고 운영방식을 잘 익혀 참가자들의 이야기가 서로에게 연결되도록 돕는 진행자여야 합니다. 그렇다고 진행자의 문턱을 높여 자격을 논하는 것은 아닙니다. 모두가 진행자가 될 수 있고, 기획하고 준비한다면 초대받은 참가자들과 의미 있는 서클모임을 구성할 수 있습니다. 중요한 것은 서클에 대한 진행자의 '진정성'일 겁니다. 학급에서는 주로 교사가 진행자 역할을 맡을 수 있는데, 이때 학생들을 가르치고자 하는 역할에서 벗어나 조금 더 원형의 소통이 가능하도록 진행 기술을 익히는 것이 필요합니다. 결국 진행자의 역할은 서클을 지켜내는 것에 의미가 있습니다.

- **안전한 공간 Safe Space**

서클은 이야기하는 공간입니다. 혼자가 아니라 둘 이상의 참가자들이 모여서 자신의 이야기를 나누고 협의하며, 연결되는 곳이지요. 기본규칙에서도 언급했듯이 서클에서 안전하게 이야기하려면 타인의 이야기는 비밀을 유지해야 합니다. 또한 서클은 경청의 공간일 때 안전할 수 있습니다. 내가 말할 차례가 되었을 때 참가자들이 경청하지 않는다면, 나의 이야기는 땅에 떨어져 뒹구는 처지가 될 것입니다. 따라서 안전한 공간은 심리적이면서 물리적인 공간을 의미하며, 약속이 이행될 수 있는 신뢰의 공간으로 이해해야 합니다.

| 서클의 형태와 종류 |

우리가 교실에서 실천하고 있는 학급 서클의 경우, 주로 공동체 대화를 위한 서클과 갈등전환, 문제해결을 위한 피스메이킹 서클로 구분됩니다. 서클의 내용에 따라서는 이야기서클, 주제서클, 애도서클, 축하서클 등 수많은 이름이 붙여질 수 있지만, 커다란 형태로 분류하자면 관계 형성을 위한 공동체 서클과 갈등전환을 위한 피스메이킹 서클(문제해결서클)로 구분할 수 있을 것입니다. 중요한 것은 관계 형성을 위한 공동체 서클이 기초가 되어 있을 때 갈등전환을 위한 피스메이킹 서클의 효용성이 크다는 점입니다. 관계 형성이 잘 되어 있는 공동체는 문제를 만났을 때 역시 신뢰를 기초로 문제를 풀어갈

수 있기 때문입니다. 반대로 평소 관계 형성이 되어 있지 않은 상태에서 문제가 일어났을 때 해결의 한 방법으로써만 관계회복을 위한 피스메이킹 서클을 활용한다면, 돌아갈 곳이 없는 사람들처럼 어디를 회복의 지점으로 삼아야 할지 혼란스러울 수밖에 없습니다.

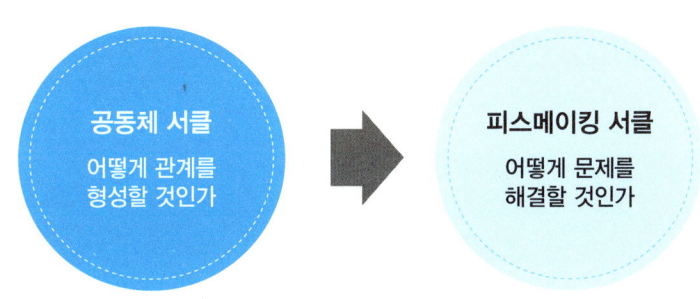

또한 서클은 진행방식에 따라 순차적 진행방식, 비순차적 진행방식, 어항서클로 분류하고 있습니다. 순차적 진행방식은 규칙적인 형태의 기획된 서클방식으로, 진행자로부터 순서대로 돌아가며 이야기하는 것을 선택합니다. 이야기가 순서대로 진행되기 때문에 예측이 가능하고 참가자가 말한 내용을 분명하게 들을 수 있다는 장점이 있습니다. 다만 진행자의 사전 기획이 충분해야 하며, 그 과정을 참가자들에게 미리 알려주어 능동적으로 참여할 수 있도록 도와야 합니다.

비순차적 방식은 순차적 방식에 비해 자유로운 진행방식을 선택할 수 있습니다. 순서에 따라 진행하지 않고 말하고자 하는 사람이 토킹스틱을 요청해 이야기를 나누는 팝업서클, 기존의 기획에 의존하지 않고 참가자들이 함께 기획하여 진행하는 형식, 서클 진행 과정에서 여러 형태의 프로그램과 융합할 수 있는 색다른 형식의 서클을 시도할 수 있습니다.

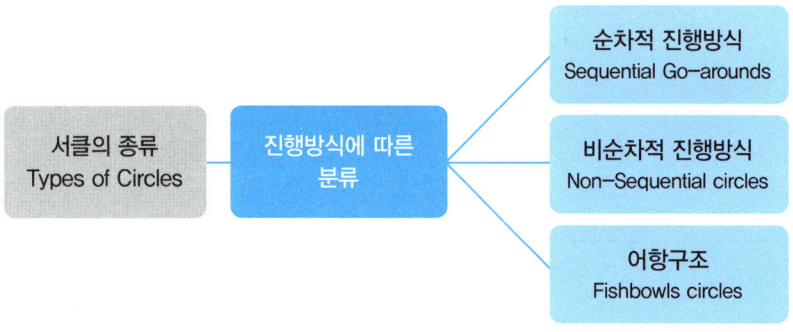

 어항서클은 이중서클로도 불리는데, 안쪽 서클(inner circle)과 바깥쪽 서클(outer circle)로 나누어 이중으로 자리를 배치합니다. 어항서클에서 안쪽 서클은 보통 자리를 비워 놓는데 그 이유는 말하려는 사람이 언제든 나와서 대화에 참여할 수 있도록 하기 위해서입니다. 또한 안쪽 서클에 지정된 사람이 앉아야 하는 경우는 먼저 이야기해야 하는 핵심 당사자가 있는 경우이며, 이때는 진행자도 역시 안쪽 서클에 앉아 진행합니다. 안쪽 서클의 참가자가 자신의 이야기를 나누고, 바깥쪽 서클의 참가자들이 자신의 의견, 소감, 질문을 나누거나 할 수 있는 형태입니다. 어항서클은 공동체의 관계를 더욱 세밀하고 집중하기 위한 작업을 시도할 때나, 갈등전환을 위해 피스메이킹 서클에 참여한 핵심 당사자와 연관된 사람들이 함께 둘러앉아 문제를 해결해 나갈 때 자주 활용합니다.

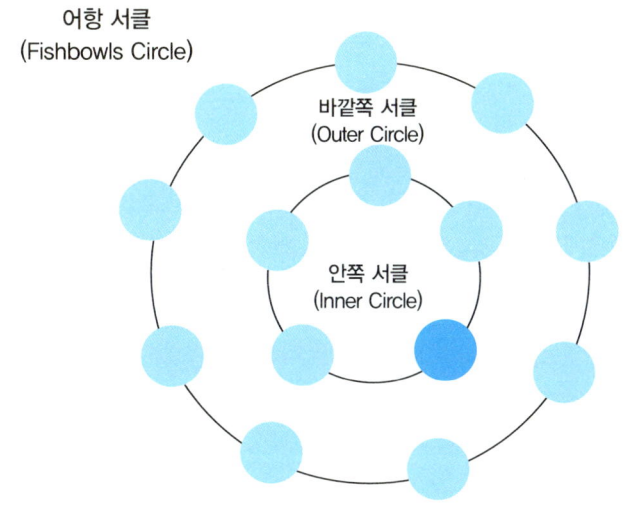

이중서클(Inside-Outside Circle)은 학급에서 관계를 형성할 때 서로를 깊이 있게 알 수 있도록 하는 장치가 되기도 합니다. 학생들은 서로 마주 보고 각자에 대한 이야기를 심도 있게 나눌 수 있습니다. 또는 서로 다른 이해를 가진 친구들이 상반된 개념을 나누고 토론할 수 있는 구조로도 사용합니다.

| 이중서클 순서 |

1) 학급 전체 인원을 반으로 나누어 안쪽 원과 바깥쪽 원에 서게 하고, 바깥쪽 원과 안쪽 원이 마주 보게 합니다.
2) 학생들은 서로 마주 보고 대화를 나눌 준비를 합니다. 진행자는 질문을 하고 학생들은 각자가 이해한 내용, 혹은 떠오르는 이야기를 나눌 수 있습니다.
3) 원활하게 이야기할 수 있도록 각종 키워드 카드 등을 사용하여 생각할 방향을 정하도록 돕습니다. 함께 간단하게 글을 기록하거나 그림을 완성할 수도 있습니다.
4) 처음 두 사람의 나눔이 끝나면 한쪽 원형의 학생들이 지정된 숫자만큼 이동하여 새로운 짝을 만나고 대화를 나누게 합니다.
5) 주어진 시간 안에서 질문의 내용을 소화하거나, 다음번 후속 모임으로 이어갈 경우, 참가자들의 위치를 기억하여 서로 만날 수 있는 가능성에 기대감을 가질 수 있도록 합니다.

| **서클의 진행 순서** |

서클은 보통 다음과 같은 순서로 진행합니다.

- 환대의 메시지
- 침묵으로 초대하기
- 여는 의식
- 서클 상징물 & 센터피스 소개
- 서클의 목적 이야기하기
- 토킹스틱 설명하기
- 각자 소개하기(필요할 경우)
- 기본 규칙 정하기
- 이야기 나누기
- 배움 나눔
- 닫는 의식

반드시 위의 순서대로 진행해야 하는 것은 아니지만, 넓은 의미에서 서클 참가자들이 내재적으로 원 안에 들어갈 수 있도록 돕는 순서로써 활용되고 있습니다. 서클이 진행되기 전 진행자 또는 서클 코디네이터는 센터피스[5]와 물리적으로 원을 구성하여 참가자들이 앉을 수 있도록 준비해야 합니다. 참가자들이 서클에 둘러앉았다면,

진행자는 환대의 메시지를 통해 서클이 시작되었음을 알립니다. 이후 참가자들이 자신의 내면에 집중할 수 있도록 침묵으로 명상할 수 있는 시간을 가지는 것이 좋습니다. 저학년 학생들은 '고요한 시간'을 가지면서 우리가 지금 중요한 모임을 가지고 있다는 것을 알릴 수 있습니다.

---

5 센터피스는 원의 가운데에 설치하는 장치로, 서클에 집중할 수 있도록 돕고 이야기를 나눌 때 시선을 둘 수 있는 장소의 개념을 갖고 있습니다. 서클에서 말한다는 것은 타인에게 '나 자신을 드러내기 위한 말하기'보다 '원의 중심을 향해 말하기'라는 의미를 지니고 있습니다. 그래서 센터피스는 주로 여는 의식과 함께 구성되기도 하고, 서클의 목적과 주제를 드러내기 위한 일반적인 장치로 놓이기도 합니다. 대부분 학급 서클에서는 둥근 천을 깔고 가운데에 화분을 놓거나, 학생들의 작품, 서클의 주제를 표현하는 다양한 소품과 공동체 서클에서 강조하는 단어를 기록한 카드를 배치하여 모두가 서클에 집중할 수 있도록 돕는 역할을 합니다.

진행자는 참가자들이 서클의 고유한 의미에 함께 할 수 있도록 여는 의식을 진행합니다. 의식은 서클 이전에 미리 준비되어 혼란스럽지 않은 분위기에서 하는 것이 좋습니다. 만약 의식으로 활동이나 놀이를 선택했다면 참가자들에게 충분한 설명을 하고 연습을 한 번 해 보는 것도 의식을 진행하는 하나의 방법입니다. 의식을 마치면 오늘 서클의 상징물이나 센터피스를 소개합니다. 교실에서는 여는 의식과 센터피스가 연결되는 경우가 많아서 참가자의 손길이 자연스럽게 센터피스 구성에 일정 부분 역할을 할 때가 많습니다. 이때 진행자는 참가자들이 센터피스에 놓은 소품(활동지, 물건 등)이 어떤 상징을 갖고 있는지 이야기할 수 있습니다. 진행되는 서클은 상징을 드러낼 뿐만 아니라 분명한 목적을 지니고 있습니다. 진행자는 서클을 통해 어떤 과정과 목표지점에 이르게 될 것인지 안내해야 합니다. 참가자들이 진행 과정을 이해한 다음, 진행자는 토킹스틱으로 어떤 것이 쓰일지 설명하고, 필요할 경우 참가자에 대한 소개를 진행합니다. 그리고 기본 규칙을 이야기합니다. 기본 규칙은 서클을 지키기 위한 약속이므로 때에 따라 약속이 추가되기도 합니다. 약속을 확인하고 나면 본격적으로 서클 주제에 따른 이야기가 시작됩니다. 이야기는 주로 진행자의 질문에 따라 자신의 생각을 나누는 방식이며 토킹스틱의 방향과 함께 진행됩니다. 학급에서 서클을 진행할 때 주제 혹은 질문이 사전에 공지되지 않은 상태라면, 이야기를 나눌 준비가 되지 않은 참가자가 있을 수 있습니다. 이때는 생각할 시간을 충분히 주거나, 생각나지 않는다는 참가자에게 '패스'를 허용하여 다른 구성원을 한 바퀴 돌고 난 다음 이야기할 수 있도록 하는 것이 좋습니다. 이야기가 마무리에 이르면 서로에게 어떤 배움이 있었는지 나누고, 닫는 의식을 치르는 것으로 서클을 마칩니다. 닫는 의식은 여는 의식과 동일한 형태일 수 있으며 간단하게 하이파이브나 악수, 인사로 마무리하기도 합니다.

| **서클의 질문 구성** |

서클의 질문은 보통 4가지 형태로 구성됩니다. 아래의 질문 내용은 줄이거나 추가할 수 있고, 주어진 시간과 서클의 성격에 따라 변화할 수 있습니다.

여는 질문	• 서클의 이야기가 시작되면서 마음을 열게 하는 질문입니다. • 여는 질문은 쉽게 대답할 수 있고, 각자의 생각을 나누면서 목소리의 공명감(resonance feeling)을 느끼며 안전한 공간을 만드는 역할을 합니다. • 함께 말하고 들으면서 소속감을 느낄 수 있는 출발선이 되기도 합니다.
주제 질문	• 서클에서 주요하게 다뤄야 할 주제를 질문으로 표현하여 참가자들이 각자의 의견을 나눌 수 있도록 합니다. • 시간에 따라 2~3개의 질문부터, 학급회의를 위한 팝업서클의 경우 결과를 도출하기 위해 세부 질문을 깊이 있게 구성할 수 있습니다. • 진행자는 여러 개의 질문을 한 차례에 담기보다 한 번에 하나의 질문으로 명료하게 질문하는 것이 서클 진행에 부담을 주지 않습니다.
실천 질문	• 주제 질문을 통해 나온 여러 의견을 종합하여 앞으로의 실천 과제를 나눕니다. • 개인적인 실천 과제와 학급의 실천 과제 등으로 나누고, 단기와 장기과제, 기간 등을 설정할 수 있습니다.
배움 질문	• 서클에서 나눈 이야기를 통해 배운 점, 느낀 점, 소감 등을 이야기합니다. • 앞으로의 기대감, 친구를 통해 알게 된 것 등을 나눌 수 있습니다.

| 공동체 서클 질문 |

여는 질문
• 오늘 나의 마음을 색깔로 말한다면 어떤 색을 선택하고 싶나요? 이유는 무엇인가요?
• 날씨가 자주 바뀝니다. 내 머릿속 날씨는 어떠한가요?
• 나의 행복지수를 점수로 바꿔 본다면 100점 만점에서 몇 점을 줄 수 있을까요?
• 나에게 1주일간의 짧은 방학이 주어졌습니다. 무엇을 하고 싶습니까?
• 어느 날 저녁 식사에 정말 분위기 좋은 식당에서 내가 제일 좋아하는 음식을 먹게 되었습니다. 누구와 함께 먹고 싶습니까?
• 내가 열흘 간 여행을 떠나야 합니다. 어디로, 누구와 함께 가고 싶습니까?
• 일어나보니 내가 영화감독이 되었습니다. 이번에 어떤 영화를 만들 계획인가요?
• 일주일의 첫날입니다. 이번 주간에 가장 하고 싶은 것은 무엇입니까?
• 요즘 내가 가장 많이 먹고 있는 음식은 무엇입니까?
• 하루 중 재미있다고 생각하는 시간을 언제입니까? 그때 어떤 일이 일어날까요?
• 나에게 알라딘의 요술램프가 생겨 소원을 빌 수 있습니다. 어떤 소원을 빌겠습니까?
• 도서관에 함께 가서 책을 선택할 겁니다. 어떤 내용의 책을 보고 싶으세요?
• 내 감정이 무척이나 즐거울 때는 어느 때입니까? 상황을 설명해 보시겠어요?
• 내가 고통스럽게 아팠을 때는 언제인가요? 무엇 때문입니까?
• 오늘 아침에 먹고 온 음식은 무엇입니까?
• 내가 지난주와 달라진 점은 무엇인가요?
• 나는 기상캐스터입니다. 내일 날씨를 어떻게 예상하시나요? 나의 기대를 설명해 주세요.
• 매주 한 번씩 급식 메뉴로 나왔으면 하는 것이 있다면 무엇입니까?
• 집에서 반려동물과 함께 살 수 있다면 어떤 동물을 입양하겠습니까?
• 친구에게 닮고 싶은 부분이 있다면 무엇입니까? 친구를 칭찬하면서 이야기해 보세요.

| 주제 질문 |

첫 만남	• 나를 한 단어로 소개한다면 어떤 말이 좋을까요? • 우리 반에 들어온 느낌이 어떻습니까? 내 마음을 음식으로 표현해 주세요. • 앞으로 우리 반에서 일어났으면 하는 일은 무엇입니까? • 우리 반에서 자주 나왔으면 하는 말은 무엇입니까?
친구 관계	• 나는 어떤 유형의 친구를 좋아합니까? • 지금까지 나는 다른 사람에게 어떤 스타일의 친구였습니까? • 우리 반이 '이렇게 되었으면 좋겠다'라는 기대는 무엇입니까? • 나는 어떤 노력을 기울일 수 있습니까? 한 가지만 말해 보세요.
존중 약속	• 존중 약속이 필요한 이유는 무엇이라고 생각하나요? • 존중이 1차적으로 필요한 시간은 언제입니까? 왜 그렇게 생각하나요? • 존중 약속이 지켜지지 않았을 때 나타나는 결과를 어떻게 예상하시나요? • 존중을 벗어나 우리 반 관계에 폭력이 발생했을 때 가장 먼저 해야 할 일은 무엇이라고 생각하나요?
하고 싶은 말	• 내가 만약 담임선생님이라면 우리 반 친구들에게 무슨 말을 해 주고 싶습니까? • 지금 친구들에게 멈추어 서서 말하지 않으면 안 되는 중요한 내용이 있다면 무엇일까요? • 10년 후의 '내'가 지금의 나에게 무언가 말을 해 준다면 무슨 말을 해 줄 것 같습니까? • 마음속 깊이 담아놓은 친구를 향한 사랑의 언어가 있다면 무엇입니까?
수업시간	• 내가 수업 시간에 가장 많이 생각하는 것은 무엇입니까? • 자신 없는 과목은 무엇입니까? 그 과목 시간이 되면 어떤 마음이 드나요? • 수업내용이 이해가 잘 안될 때 나는 어떻게 행동합니까? 누구에게 도움을 구하나요? • 수업과 관련하여 선생님과 어떤 대화를 나누고 싶습니까?
미래의 꿈	• 미래에 나는 어떤 삶을 살고 싶습니까? • 내가 꿈꾸는 행복한 삶에 대해 말로 표현해 보세요. • 내가 어울리고 함께 하고 싶은 이웃들은 어떤 사람들입니까? • 가족들과 하고 싶은 일은 무엇입니까? 구체적으로 이야기해 보세요.

중독/집착	• 내가 날마다 집착하고 있는 것이 있다면 무엇일까요? 마치 중독된 것처럼 생각되는 것은 무엇입니까? • 중독된 것으로부터 어떤 영향을 받고 있습니까? • 이것으로부터 벗어나고 싶다는 생각을 해 본 적은 없나요? 방법은 무엇입니까? • '중독'에서 벗어나 건강하게 내 삶을 가꾸어 간다면 어떤 것으로 채우고 싶나요?
가족	• 나는 가족들과 주로 어떤 대화를 하나요? • 가족과 함께 했던 행복한 기억에는 어떤 것들이 있습니까? • 가족에게 고마운 마음이 들었던 때는 언제입니까? • 내가 가족을 위해 음식을 만든다면 어떤 메뉴로 대접하고 싶나요?
체험학습	• 우리 반 전체가 함께 체험학습을 간다면 어디로 가고 싶습니까? • 내가 체험학습장에 가서 친구들과 함께 경험하고 싶은 것이 있다면 무엇인가요? • 체험학습 때 친구를 위해 준비하고 싶은 물건이나 소품이 있다면 무엇일까요? • 체험학습을 기록한다면 어떤 방식으로 남기고 싶습니까? 그리고 무엇을 남기고 싶나요?
방학식	• 내가 경험한 방학 중에 기억나는 방학 기간은 언제입니까? 이유는 무엇인가요? • 방학을 앞두고 있습니다. 이번 방학 기간을 어떻게 지내고 싶나요? • 이번 방학에 내가 중요하게 생각해야 할 부분은 무엇입니까? • 방학 기간에 다른 사람을 돕기 위해 할 수 있는 일은 무엇입니까?
2학기 개학	• 2학기를 시작하면서 스스로 해 주고 싶은 말은 무엇입니까? • 1학기에 아쉬움이 남는 것이 있다면 무엇입니까? 2학기 때는 어떻게 하고 싶나요? • 나는 우리 반에서 어떤 사람(역할)이 되고 싶습니까? • 기대되는 2학기 일정에는 어떤 것이 있나요? 왜 그렇게 생각하나요?
시험	• 나에게 시험은 ( )다. ( )안에 들어갈 말을 넣어 완성해 보세요. • 시험을 보고 나면 마음이 좋지 않을 때가 많습니다. 가장 기억에 남는 시험이 있었나요? • 시험공부는 어떻게 하고 있나요? 나만의 노하우를 알려 주세요. • 시험이 끝나고 나면 스트레스를 풀기 위해 하는 일이 있나요?

학급 서클 스크립트 1

● 주제: 새로운 만남

● 사전 준비

① 환영 카드를 미리 작성하여 학생들 책상 위에 올려놓거나 서클에 앉을 의자 위에 놓는다. 센터피스에 학생의 이름이 적힌 카드를 놓고 개인이 찾아가도록 하는 방법도 있다.

② 놀이 준비: 스펙트로그램, 이름 릴레이

③ 질문 구성: 첫 만남에 대답하기 쉬운 질문으로 준비한다.

④ 토킹스틱: 토킹스틱으로 선생님에게 상징적인 소품을 준비한다.

⑤ 센터피스: 서클을 표현할 수 있는 천을 깔고 가운데는 화분이나 꽃병을 놓아 집중할 수 있도록 만든다. 그 외 교직 생활에서 기억에 남는 학생들의 작품, 선물 등을 놓아 이야기를 들려주며 시작할 수도 있다.

● 진행자의 여는 이야기

*진행자 스크립트는 예시로 주어진 것으로 각자 자연스럽게 구성

할 필요가 있습니다.

"여러분, 우리 학교 O학년 O반이 되신 것을 축하하고 환영합니다. 우리가 올해 한 반이 되었는데 첫 만남을 어떻게 가질까 고민했어요. 고민한 흔적이 보이나요? 고민 끝에 우리가 서로 환영하면서 짧게나마 자기를 소개하는 시간이 되면 좋겠다고 생각했어요. 먼저 가운데 놓인 센터피스를 봐주세요. 센터피스는 둥글게 앉은 서클에서 중심을 뜻하는 말인데, 여기에는 선생님이 소중하게 여기는 물건을 놓았습니다. (센터피스에 놓인 물건에 대한 소개를 짧게 나눔)

그리고 정말 중요한 것이 보이시나요? 여러분에게 제가 작은 카드를 하나씩 써서 이름이 보이도록 놓았습니다. 저는 여러분 한 사람 한 사람 대화를 나눈 적은 없었지만, 함께 아름다운 교실을 만들어 가면 좋겠다는 기대감으로 카드를 썼습니다. 자, 이제 한 사람씩 나와서 자기 카드를 가져갈까요? (모두 카드를 가지고 간 후) 여러분, 카드를 받은 기분이 어떤가요? 몇몇 친구들이 카드를 읽어주면 좋겠는데요. 누가 좋을까요? (몇몇 친구들에게 부탁하고 읽고 나면 박수로 축하한다.)"

● 서클 놀이와 활동

[스펙트로그램]
지표면 위에 위치하는 인간 그래프라고 불리며, 진행자가 질문한

내용에 맞는 위치에 가서 줄을 서는 것을 말합니다. 보통 자신의 감정과 생각의 위치를 묻는 질문이 많아 다른 사람과 순서를 정하는 대화를 나눠야 하며, 주제에 따라 각기 다른 순열이 만들어진다는 특징이 있습니다.

질문 1) "선생님이 기준이라고 생각해 보세요. 그럼 선생님 왼편에는 생일이 가장 빠른 사람, 오른쪽으로 갈수록 12월이 가까워지겠지요? 생일 순서대로 서 볼까요?"

(줄을 서고 난 후 각자 생일을 확인한다.)

"세 사람씩 짝을 모둠을 만들어 보세요. (진행자가 직접 모둠 구성을 해 줄 수 있다.) 만약 내 생일이 일주일 후 내 생일이 된다면 어떤 선물을 받고 싶나요? 가상으로 선물을 드릴 겁니다. 어떤 것이든 가능합니다. 어떤 선물을 받고 싶으세요? 모둠에서 이야기해 보세요." (모둠끼리 대화를 나눈 후 몇몇 친구들에게 별도로 질문하여 선물 내용을 알아본다.)

질문 2) "우리 모두 원형으로 동그랗게 서 볼까요? 원 모양을 시계라고 생각해 보세요. 선생님이 밤 12시, 낮 12시라고 한다면, (정면을 가리키며) 선생님 정면 쪽은 몇 시일까요? 네, 아침 6시, 저녁 6시입니다. 그럼 왼쪽 가운데 방향은 새벽

3시, 오후 3시이고, 오른쪽 가운데 방향은 오전 9시, 오후 9시라고 할 수 있겠죠? 그 사이에 다 시각이 있는 겁니다. 이해되시나요? 이제 질문을 할게요. 내가 가장 즐거워하는 시간은 몇 시일까요? 여러분이 가장 재미있고 즐겁다고 느끼는 시간을 선택하는 겁니다. 몇 시인지 생각하고 그 시각에 맞게 움직여 주세요. 예를 들어, 나는 오후 1시, 점심시간이 즐겁다고 느낀다면 선생님 왼편에 서야겠지요."

(학생들이 자신의 위치에 가고 난 후)

"여러분은 왜 그 시간이 즐거울까요? 어떤 이유인지 설명해 주세요."

(한 사람씩 돌아가며 이야기하고 자리에 앉는다.)

[이름 릴레이]

"이번에는 우리가 각자의 이름으로 릴레이를 하려고 합니다. '성'은 빼고 '이름'만 말하는 겁니다. 선생님의 오른쪽부터 시작하는데, 이름만 짧게 말하고 옆 사람이 릴레이로 이어가서 끝에 앉은 친구까지 오는 데 걸리는 시간을 체크 합니다. 준비되셨나요? 처음에는 연습으로 한번 해 보지요. 시작!"

(한 차례의 연습 후에 스톱워치를 작동한다.)

"이제는 시간을 체크 합니다. 우리 반 신기록은 몇 초가 될까요? 정말 중요한 것은 시간보다 정확하게 이름을 말하는 건데 빠르기까지 하다면 정말 좋겠지요? 준비되었죠? 시작!"(스톱워치로 시간을 체크 하여 발표한다.)

"평소에 자기 이름 불러볼 일이 별로 없지요? 이번에는 본인 이름이 아니라 내 왼편에 있는 사람의 이름을 부르겠습니다. 그러니까 시작은 ○○이 아니고, 왼쪽에 앉은 ○○으로 시작하는 겁니다. 다른 친구의 이름인 만큼 잘 불러 주세요. 준비되셨나요? 시작!"(스톱워치로 시간을 체크 하여 발표한다.)

[서클 질문]

"여러분, 어떤 기분이 드시나요? 저는 여러분이 우리 반 친구라는 생각이 한층 더 많아졌어요. 여러분도 그런가요? 이제, 몇 가지 질문으로 같이 대화해 보면 좋겠습니다. 서클로 대화할 때는 토킹스틱을 가지고 이야기합니다. 물론 토킹스틱을 가진 사람만 이야기할 수 있고 다른 친구들은 경청해야 합니다."

첫 번째 질문. 우리 반에 처음 온 느낌이 어떤가요? 색깔로 이야기해 주세요.

두 번째 질문. 우리 반 친구들과 꼭 해 보고 싶은 활동이 있다면 어떤 것일까요?

세 번째 질문. 오늘 다 같이 서클을 한 소감을 말씀해 주세요.

학급 서클 스크립트 2

● 이중서클 형태로 이야기하기

　주제: 내 인생을 '연극 공연'으로 표현한다면?

　*아래의 이중서클 내용은 고학년에 적용할 수 있는 내용으로 구성하였습니다.

1. 아래 질문에 답을 기록해 보세요.

    이름 :

    질문 :

    1. 내가 고유하게 가진 강점(다른 사람과 비교하지 않고 드러낼 수 있는 좋은 점들)에는 어떤 것들이 있습니까?

    2. 내 인생을 연극 공연으로 구성하여 무대에 올리기로 하였습니다. 공연의 제목을 지어주세요.

    3. 공연 시간은 대략 몇 시간이면 좋을까요? 총 몇 막으로 이루어졌나요?

2. 펜을 놓고 눈을 감습니다. 진행자의 안내에 따라 장면을 떠올려 보세요.

> 공연이 시작되었습니다. 여러분 인생 연극 공연이 시작되었습니다. 어떤 장면으로 그 공연이 시작되고 있는지 떠올려 주세요.
>
> 1막이 시작되었다면 1막에서 여러분의 나이는 몇 살인지, 어디서 무엇을 하고 있는지 머릿속으로 그려 주세요.
>
> 2막으로 넘어갑니다. 2막은 몇 살 때의 모습이 나오나요? 혹시 갈등이 증폭되고 있다면 갈등을 표현하고 있는 음악은 어떤 음악일까요? 그 갈등 속에서 주인공은 무엇을 하고 있는지 살펴봐 주세요. 그리고 해결책을 찾고 있는지 아니라면 그 고통을 어떻게 통과하고 있나요?
>
> 3막입니다. 스냅 사진으로 찍는다면 몇 살 때의 모습이 하이라이트로 나오나요? 거기서 무엇을 하고 있나요? 어떻게 하고 있나요?
>
> 4막으로 갑니다. 그 시절 극복한 모습이 나옵니다. 그때는 언제며 무엇을 하고 있습니까?
>
> 5막으로 갑니다. 여러분은 이제 나이 80세가 되었습니다. 80세의 주인공의 회고 장면이 나옵니다. 80세에 여러분의 이야기는 어떤 내용입니까?

3. 눈을 뜨고 두 사람씩 짝을 지어 어떤 것을 떠올렸는지 이야기 나누기

4. 눈 감았을 때 떠올린 것을 글로 간단하게 정리하여 종이에 기록해 보세요.

5. 4명씩 모둠으로 모여 나누기(모둠별 토킹스틱 준비)

6. 전체가 원형으로 다시 앉아 인생 연극에 대해 알고 싶은 사람 추천하기

7. 추천받은 친구는 원 가운데로 나와서 진행자와 마주 앉아 대화하기

> 진행자: ○○에 대해 친구들이 알고 싶다고 했습니다.
> 자신의 강점에 대해 말씀해 주세요.
> 나의 인생을 연극으로 표현한다면 제목은 무엇인가요?
> 그렇게 제목을 정한 이유가 있나요?
> 1막에 대해 설명해 주세요.
> 2막은 어떤 장면이 나오나요?
> 3막에 대해 이야기해 주세요.
> 4막은 몇 살부터 시작되나요?
> 5막에 대해 설명해 주세요.
> 자신의 이야기를 나눠 주셔서 감사합니다.

8. (전체 서클 참가자들에게) 오늘 서클 활동에 대해 소감을 나누어 주세요.

3장. 정작 아이들 가정에 대화가 필요해요.

| 가족관계에서 시작되는 언어 |

사람의 뇌는 0세~3세, 그리고 청소년기에 큰 변화를 맞이합니다. 건강한 정서를 지닌 성인으로 성장하기 위해서는 어린 시절 안정적 애착의 과정과 불안에 대한 수용성을 지닌 가족의 돌봄이 절대적으로 필요하지요. 언어, 조금 좁혀서 이야기하자면 '말하기'에는 아이의 뇌 발달에 관한 로드맵이 담겨 있다고 해도 과언이 아닙니다. 쉬는 시간, 교실의 상황을 잘 관찰해보세요. 아이들이 자기 공감과 타인에 대한 연민으로 연결된 언어가 아니라 무자비한 욕설과 비난, 조롱, 공격적인 어투, 별명 부르기, 장난이라고 말하지만 실상은 친구를 괴롭히는 언행 등이 어지럽게 오가고 있지 않습니까? 흡사 동물들이 약육강식의 정글 속에서 같은 무리끼리 '헤쳐모여'를 하고 있는 형태입니다. 교사는 학생들의 비정상적인 언어로 시작되는 관계망을 여러 해 겪고 있지만 뾰족한 수가 없어 보입니다. 교과를 통해 다양하게 펼쳐지는 민주주의와 시민교육, 공동체 내에서 서로의 관계에 대하여 이야기하는 여러 형태의 학습적 내용을 수없이 반복하지만 교사는 즉석에서 뿜어내는 학생들 언행에 대한 통제로 매일 매시간 지칠 정도입니다. 왜 이런 일이 끊임없이 지속되는 걸까요? 어떤 이들은 이 시대 하위문화의 영향을 받았거나 '알파세대[6]'의 특성

답게 온라인과 영상 속에서 변화를 느끼며 살아가는 친구들이 자신을 제대로 표현할 수 있는 소통 연습을 해 본 경험이 부족해서라고 합니다. 뿐만 아니라 코로나19로 인한 교육 공백을 지적하는 이들도 많습니다. 모두가 일리 있는 지적이지만 근본적인 문제는 가족체계의 붕괴와 가족이 지닌 유해한 교육의 대물림 현상에 있다고 보아야 할 것입니다.

아이는 부모를 비롯한 양육자에게 말을 배우기 시작합니다. 아이가 말을 배울 때는 그 시간을 둘러싸고 있는 환경이 엄연히 존재합니다. 어떤 아이는 자신이 사랑받고 있다는 공감과 감정의 눈빛을 양육자와 교감하며 말을 배우기 시작합니다. 반면 어떤 아이는 욕구를 요구하지만 단번에 거절당하거나 양육자의 정서적 상태에 갇혀진 상태로 제한된 언어만을 강요당하기도 합니다. 양육자가 아이 존재와 상호작용을 할 줄 모르거나, '어른'이기에 갖게 되는 힘으로 아이를 양육자 자신이 자라왔던 방식이나 생각대로 통제하는 양육 형태를 지닌다면, 아이는 제대로 된 소통의 언어를 배우지 못합니다. 오

---

6 알파 세대(Generation Alpha)는 미국에서 Z세대의 다음 세대를 의미하는데, 보통 스마트폰과 아이패드가 대중화된 이후에 태어난 2010년대 초반부터 2020년대 중반까지 태어난 세대를 알파세대로 분류합니다. 알파 세대의 특징은 태어난 순간부터 '디지털화' 된, 특히 스마트폰이 파생한 모바일 문화의 영향을 직접적으로 받고 성장하며 영유아기부터 스마트폰을 사용하는 세대입니다. 출처: 위키백과, https://ko.wikipedia.org

로지 아이는 자신의 생존을 위한 '말'을 수없이 내뱉거나 자신의 결핍을 채우기 위해 과거로의 퇴행을 보일 가능성만 높아집니다. 이런 상황까지 이르면 부모나 양육자는 아이가 어려서 그렇다, 기질상 특이점이 있다, 양육자 중 한 사람도 어릴 때 그런 성향이 있었다, 아이가 말을 해도 안 듣는다, ADHD(Attention-Deficit Hyperactivity Disorder, 주의력결핍 과잉 행동장애) 성향이 있다는 등의 여러 이유를 찾거나 다른 이로부터 듣게 됩니다. 그리고 몇 년에 걸쳐 아이의 행동에 대한 유치원, 어린이집, 학교에서 만난 담임교사의 상담 요청과 같은 학급 학부모들의 원망 섞인 근심까지 들으면서 어느새 '우리 아이만 그러는 게 아닌데' 하는 '피해의식'마저 생겨납니다. 적극적인 요청을 받아들여 아이를 위한 상담을 진행하더라도 금방 해결되는 문제도 아닌데다, 가정에서도 정서적으로 편안하지 않은 상태를 보이는 때가 많다 보니, 도대체 이 악순환의 고리를 어떻게 끊어야 할지 답답함을 호소하는 부모와 양육자가 늘어가고 있습니다. 이 문제를 어떻게 접근해야 할까요?

| 역기능 가족의 대화 |

「진정한 나를 찾아 떠나는 심리여행 가족」을 쓴 존 브래드쇼(John Bradshaw)는 "개인은 자신 안에 온 가족을 지니고 있다. 사람들은 오로지 자신이 경험한 것과 같은 관계만을 추구하는 경향이 있다."고 말합니다. 그는 낮은 자존감을 가진 두 사람이 결혼을 하게 되면 그동안 두 사람의 내면 안에 가두어져 있던 가족사의 봉인(封印)이 각각 풀리면서 온갖 스트레스와 충돌이 생겨난다고 합니다. 이때 이것을 두 사람이 얼마나 성숙하게 다룰 수 있느냐에 따라 가족의 '기능'과 '역기능'이 나타난다고 존 브래드쇼는 지적하지요. 역기능은 가족으로서 기능을 못 한다는 의미로, 가장 크게 표출되는 것은 상대방을 자신의 욕구를 채우기 위한 대상으로 여긴다는 것입니다. 자신이 원하는 바가 상대방을 통해 채워지지 않을 때 갖는 스트레스는 상대방에 대한 조종과 비난, 탓하는 것, 판단하는 것으로 나타납니다. 자신의 생각이 옳고, 상대는 다른 것이 아니라 틀리다고 여기기에 '감정의 거짓말'에 쉽게 속게 되지요. 자신의 '감정'을 상대방이 일으킨 '사실'로 여기게 됩니다. 이러한 분위기가 지속된 가정에서 자라난 아이는 가장 많이 듣게 되는 말이 '~해야만 한다.'는 것입니다. 아이는 무언가 느낌을 솔직하게 말할 수 없게 되고, 지금 현실을 직시하지 못하는 상태에까지 이를 수 있습니다. 오로지 부모가 말하는 대로 생각의 방향을 지녀야만 하는 비뚤어지고 왜곡된 소통구조를 지니게 되지요. 아이를 존재 그대로 바라보지 못하는 비뚤어진 기준점이 있기 때문입니다.

'네가 그렇게 느끼는 것은 ~한 이유 때문이야.'

'너는 왜 그러니?'

'다른 애들은 안 그러는데, 유독 너만 그러는 이유가 있는 거야?'

'네가 자꾸 이러니까 엄마가 속상하게 되고 너에게 잔소리하게 되는 거야!'

'네가 가지고 있는 생각을 다시 돌아봐라. 그게 맞는 것인지….'

'다 너를 위해서 하는 얘기야, 엄마 얘기 들어서 손해 보진 않을 거다.'

역기능 가족이 소통하는 방식은 위조된 사랑의 자기변명에 가깝습니다. 부모와 양육자가 지닌 원가족에게서 받은 상처는 어느새 인격화되어 자신은 이전에 그렇게 혼나도 되는 '나쁜 아이'였다고 믿는 경향이 생겨나지요. 부모에게 순종하는 것이 굉장한 미덕으로 여겨졌기 때문이기도 하고, 가부장 체제의 유해한 교육 속에서 생존하기 위해 선택했던 '공동의존(Co-Dependence)' 현상이 현재 자기 삶에 대한 해석과 재구성으로 존재하기 때문입니다. 결국 자신의 부모로부터 받은 상처는 치유되지 않았는데도 '옛날에는 다 그랬어'라는 획일화되고 강요된 자기 이해를 가진 사람은 어느덧 자녀의 나이에서 성인이 되어 양육자가 되었을 때 역시 원가족 정서의 바탕에서 뿜어져 나온 상처받은 마음으로 인해 선택적 지각과 인식을 더욱 견고하게 굳혀 가면서 자신의 자녀 또한 병들게 만드는 악순환을 경험합니다.

존 브래드쇼는 역기능 가족의 아이들이 가지게 되는 행동 양식을 몇 가지로 정리하고 있습니다.

- 아무 이유 없이 행동하고 충동적입니다.
- 잘 속아 넘어갑니다.
- 결정하는 데 어려움을 갖고 있고 잘못된 결정을 할 때가 많습니다.
- 통제할 수 없는 것을 알아차리지 못하고 통제할 수 있다고 믿습니다. 예를 들어, 자신의 감정을 통제하지 못하는 아이가 자신의 감정은 언제나 조절될 수 있다고 믿는 것이지요.
- 충동적이고 강박적인 행동 패턴을 보입니다.
- 모든 것을 양극단에서 봅니다. 내 편이 아니라면 모두 나의 적이 되는 것처럼 양극에서 흑백 논리가 강한 상태를 유지합니다.

역기능 가족의 아이들이 교실에서 말하고 행동하는 방식도 마찬가지입니다. 그래서 교실에 들어오는 순간 자신의 행동에 대한 책임질 수 없는 말과 행위를 지속하면서 다른 친구들을 선동하고, 내 편이 아니라면 흔히 '절교한다'는 말로 겁박을 하기도 합니다. 선생님이 수업 시간에 학생들에게 질문을 하거나 역할을 줄 때 역기능 가족의 아이는 언제나 자신이 잘 조절할 수 있다고 믿으며, 그것에 동조하지 않는 분위기를 비난합니다. 선생님이 답변을 할 수 있는 다른 친구를 지목하면, 수업의 흐름과 관계없이 선생님이 나를 무시한다고 쉽게 내뱉습니다.

역기능 가족의 아이는 가정에서 양육자와 대화를 나눌 때 자율성과 현재를 말할 자유를 빼앗기기 때문에 교실에서 역시 자신의 감정을 제대로 알아차리지 못하고 이상하거나 경직된 역할을 고집하는 것입니다.

| **기능하는 가족의 대화** |

그렇다면 기능하는 가족의 대화는 어떨까요? 역기능과는 다르게 가족 간의 대화 과정에서 나와 다른 사람에 대한 높은 인식이 가능하고, 생각과 감정을 분리하여 접근하는 것이 연습이 되어 있어 자신의 욕구가 충족되지 않더라도 감정적으로 대응하지 않습니다. 이런 모습은 자기다움에 대한 강화로 나타나 어떤 일이 일어나면 구체적이고 세부적으로 행동하면서 자기를 중심으로 책임을 지려는 마음을 내어주게 됩니다. 결국 대화 속에서 드러나는 자기다움은 내가 무엇을 느끼고 원하는지 분명하게 말할 수 있는 자유를 갖는 것이며, '지금', '여기'에서 사랑을 표현하는 것입니다.

역기능 가족의 양육자가 자녀에게 했던 말을 '기능하는 가족'의 대화 방식으로 바꿔보면 아래와 같은 형식이 될 것입니다.

'네가 그렇게 느끼는 것은 ~한 이유 때문이야.'
→ '네가 어떻게 느끼는지 궁금한걸? 그게 지금 제일 중요한 것 같아.'

'너는 왜 그러니?'
→ '지금 어떤 일이 있었는지 설명해 줄래?', '무슨 일이 있었어?'

'다른 애들은 안 그러는데, 유독 너만 그러는 이유가 있는 거야?'
→ '네가 이런 이야기를 하는 이유가 있을 거라고 생각해. 같이 한 번 대화 해 볼까?'

'네가 자꾸 이러니까 엄마가 속상하게 되고 너에게 잔소리하게 되는 거야!'
→ '이번 일은 네가 꼭 기억했으면 좋겠구나.'

'네가 가지고 있는 생각을 다시 돌아봐라. 그게 맞는 것인지….'
→ '아빠가 생각하는 것은 ~한 부분인데, 네가 그렇게 생각한 이유가 있을까?'

'다 너를 위해서 하는 얘기야, 엄마 얘기 들어서 손해 보진 않을 거다.'
→ '엄마의 경험과는 다르지만, 네가 정말 원하는 것이라면 도전해 보는 것이 좋을 것 같아.'

물론 예시와 다르게 표현할 수 있는 여지는 얼마든지 있습니다. 중요한 것은 과거와 미래가 아니라 현재를 중심으로 대화하는 것입니다. 양육자가 경험한 과거의 잣대로 아이의 현재를 재단하는 것은 어리석은 일입니다. 매일 같이 다변화하는 사회에서 단회성 경험의 기억에 의존한다는 것은 통찰을 일으킬 수 없게 할 때가 더 많습니다. 자녀에게 현재를 말 할 수 있는 기회를 주고, 모험할 수 있도록 용기를 북돋아 주면서 아이만의 자기다움을 확보해 나갈 수 있도록 돕는 대화를 해야 기능하는 가족의 대화라고 할 수 있습니다.

또한, 기능하는 가족의 대화 특징은 적극적으로 경청한다는 점입니다. 우리가 흔하게 알고 있는 경청은 그저 '잘 듣기'에 지나지 않습니다. 적극적인 경청은 공감적 경청과 혼용해서 쓰고 있지만, 실제로는 전환이 이루어지는 대화의 과정을 고려한 경청을 말합니다. 상대에게 들은 이야기를 반복하여 다시 들려주는 '미러링(mirroring) 작업'에서 더 나아가 이후 대화 과정이 어떻게 이루어질 수 있는지 새로운 대화 구조를 발견하는 것이 '전환을 이루는 경청'입니다.

예를 들어, 학교에서 아이에게 어떠한 문제가 생겼다고 가정해 보겠습니다. 아이는 엄마에게 학교에서 친구와 있었던 일에 대해 비교적 자세하게 이야기합니다.

"엄마, 오늘 미술 시간에 경민이랑 싸웠어요."
"경민이와 그런 일이 있었구나. 무슨 일 때문에 그랬어?"
"경민이가 물감에 젖은 붓을 제 도화지 쪽으로 흔들어서 제 그림이 망가졌어요. 그래서 저도 경민이 도화지에 제 물감을 몇 방울 뿌렸다가, 서로 싸우게 됐어요."
"싸웠다니 많이 속상했겠다. 경민이 물감이 네 도화지에 떨어져서 너 역시 경민이에게 물감을 뿌렸다는 말이지?"
"네."
"어떻게 하면 좋을지 네 마음을 엄마에게 말해 줄 수 있을까?"
"사실, 경민이에게 화는 났지만 일부러 그런 것 같진 않았는데 이렇게 말싸움까지 하게 될 줄은 몰랐거든요. 그래서 제 생각에는 경민이가 먼저 사과하면, 저도 사과하려고 해요."
"아, 너도 경민이와 함께 사과하고 이 문제를 풀려는 마음이 있구나?"
"네."
"그래. 엄마 생각에는 누가 먼저 사과해야 하는지는 너희 둘이 만나서 결정하는 게 좋을 거라고 생각해. 경민이가 먼저 행동했으니 경민이부터 사과하라고도 할 수 있겠지만, 반드시 그러라는 법은 없어. 그러니 너희 둘이 대화하면서 사과의 마음을 표현하면 좋겠구나."

위의 대화를 살펴보면 적극적 경청의 가장 기본 단계인 미러링부터 전환적 듣기까지의 예시가 나와 있습니다. 바로 밑줄 그은 부분이 전환적 듣기의 유형이라고 할 수 있는데요. 엄마는 아이가 경민이가 먼저 사과하면 나도 사과하겠다는 말을 듣고, 감정적인 '먼저'에 반응하지 않고 '사과하겠다'는 대화의 전환적 구조를 찾습니다. 진짜 중요한 것은 '먼저'가 아니라 '사과하는 행위'이기 때문입니다.

가족의 이야기에 '적극적 듣기'를 하는 것은 각자의 개별성을 존중하는 행위입니다. 기능적인 가족체계는 가족 구성원 한 사람이 지닌 개별성과 자율성, 책임성을 중요하게 여기며, '지금 여기에서'의 감정과 이야기를 나눈다는 암묵적 규칙을 지니고 있습니다.

| 모국어(母國語)가 바뀌면 아이의 태도가 바뀝니다. |

모국어는 사전적 의미로 '자기 나라의 말'을 뜻합니다. 자기 나라의 말은 곧 아이에게는 양육자, 부모에게서 배운 말과도 같습니다. 아이에게 부모는 우주와 같은 존재이듯, 양육자의 말은 곧 아이의 언어가 됩니다. 그렇다면 양육자의 말은 어떠해야 할까요?

• **Nonviolent: 폭력적이지 않아야 합니다.**

우선 '폭력'이라는 단어를 잘 살펴봐야 합니다. 폭력은 내가 의도하

*출처: 픽사베이

지 않더라도 구조와 문화가 다르기 때문에 발생할 수 있는 여지가 있습니다. 전혀 폭력적이라고 생각하지 않고 사용했던 말들이 언제고 반인권적이거나 비난, 혐오의 발언이 될 가능성이 있다는 것이지요. 양육자가 사용하는 언어의 폭력성은 대부분 부모 자신의 원가족적 형태에서 기인한 것들입니다. 억눌려 있는 자신의 모습을 해결하지 못한 상태로 살아온 결과이기도 합니다. 그 에너지가 고스란히 자녀에게로 향한다면, 아이는 변연계에 폭풍을 맞게 됩니다. 감정적으로 상처를 입었지만 그 상태를 어떻게 정리하고 수습해야 할지 전혀 모르는 상황으로 치닫게 되는 것이지요. 폭력은 인간의 경쟁 속에서 발생하고, 경쟁은 전쟁의 근원이 됩니다. 언성을 높이는 행위, 잘못된 행동을 바로잡기 위해 아이를 위협하는 동작, 자신이 화가 났다는 것을 표현하기 위해 물건을 던지거나 발로 차는 행위, 먹는 것, 노는 것, 무엇을 소유하는 것 등의 욕구를 쥐어짜듯 제한하여 아이를 억압하는 행위들입니다. 이 외에도 많은 것들이 폭력에 해당합니다. 나의 생각대로 아이를 재단하지 말아야 합니다. 아이는 어른의 거울이기에 내 모습을 반영합니다. 폭력을 행하는 양육자는 상처받은 아이의 응어리진 마음을 헤아릴 수 없습니다.

- **Affection: 사랑을 말과 행위로 표현해야 합니다.**

사랑을 애착이라는 말로 표현해도 좋습니다. 자녀와 사랑을 교류하는 것은 부모나 자녀가 나이가 들어갈수록 그 '정도'가 줄어드는 경향이 있습니다. 부모와 자녀 간의 애착을 대체할 수 있는 것들이 생겨나기 때문에 양육자의 빈 공간을 채울 '꺼리'들이 사랑의 교류를 방해하고 있습니다. '사랑'은 그 어떠한 것으로 대체될 수 없습니다. 굳이 의도적이라도 말과 행위로 표현해야 합니다. 일주일에 한 번은 반드시 가족들이 대화하는 날로 정한다든지, 서로에게 손 편지를 써서 주는 가족 문화, 외출하고 돌아올 때면 모두가 환영하고 반기는 태도는 가족 간의 애착을 북돋아 줍니다. 애착은 대가를 고려하지 않습니다. 어떠한 반응을 기대하기보다 사랑을 소통하듯 흘러가게 만드는 것이 양육자의 언어가 될 때 역기능적 가족의 대물림은 끊어질 수 있습니다.

- **Respect: 존중의 언어를 사용해야 합니다.**

혹시 '아이 사람'이라는 말을 들어 보셨나요? 단순히 '어린 아이'가 아니라 '아이 사람'이라고 표현한 것은 아이도 존중받아야 할 권리가 있는 존엄한 존재라는 의미입니다. 우리 사회는 흔히 아이를 '세상을 모르는 존재', '미성숙하여 언제나 실수할 수 있는 대상', '여전히 배워야 하는 소년(少年)'으로 인식합니다. 그래서 어른들이 아이를 향해 말을 할 때 하대하는 말을 쉽게 내뱉기도 하고, 끝까지 경청하지 않고 무언가 잘 모르는 미숙한 존재로 몰아가는 말을 사용하곤 합니다.

"넌 아직 어려서 몰라."

"네가 엄마 나이가 되면 다 알게 되는 거야."

"너는 다른 것 신경 쓰지 말고 공부만 열심히 해."

"네가 뭘 안다고 끼어드니? 어른들 말하는데 누가 끼어들래!"

이런 말은 아이를 불신하는 마음에서 나오는 폭언이자 아이를 여전히 미완성된 존재로 대하는 어투지요. 우리 사회는 여전히 이러한 '문화적 폭력성'을 지니고 있습니다. 존중의 방식은 존재를 인정하는 것에서 출발합니다. 위의 일방적이고 지시적인 말을 아래의 '초대의 언어'로 바꾸면 어떨까요?

"네가 어떤 생각을 하고 있는지 말해 줄 수 있겠니?"

"엄마가 모든 것을 다 알 수는 없지만, 지금은 ~한 경우란다. 네 생각은 어때?"

"혹시 이 일 중에 염려되는 부분이 있니? 있다면 어떤 부분이 신경 쓰이지?"

"네 생각을 말하고 싶은가 보구나. 어떤 생각인지 말해 주겠니?"

"우리가 지금 대화를 나누고 있는데, 네 생각은 우리 대화가 조금 더 진행된 다음에 들어도 될까?"

아이는 어른들이 무시하거나 배제해야 할 대상이 아닙니다. 존중하여 귀 기울이고 함께 대화해야 할 인격입니다. 이것을 기억한다면 아이와 함께 존중의 언어를 연습하는 것은 필수불가결한 과정임을 이해하게 될 것입니다.

- **Integrity: 진실해야 합니다.**

부모는 자녀에게 거짓 없이 진실하게 살라고 가르칩니다. 정직은 아무리 강조해도 부족한 삶의 가치일 겁니다. 그러나 부모와 양육자가 흔히 하는 잘못된 행위 중 하나는 아이에게 약속한 것을 지키지 않는 것입니다. 아이에게 화를 내는 부모가 이제부터 화를 내지 않겠다고 약속했다면, 화를 내야 할 상황에 어떻게 행동해야 할지 자기만의 규칙을 정해 놓아야 합니다. 아이와 함께 하는 시간을 만들겠다고 약속했다면, 의지적으로 시간을 구분해 놓아야 합니다. 진실하게 행하는 것이 신뢰를 쌓아가는 지름길입니다. 아이에게 친절한 말로 백번을 약속하더라도 부모가 대부분 실행하지 않는다면, 아이와의 신뢰는 기대할 수가 없겠지요. 부모 자신으로부터 진실을 찾아야 합니다. 스스로 진실하지 않다면 타인과 신뢰로 연결할 수 없습니다. 그저 상투적인 말들이 난무하는 '그저 그렇게 떠밀려 살아왔다.'는 핑계만 존재할 뿐입니다. 내면의 상처를 이길 수 있는 힘은 진실을 직면하는 것으로부터 출발합니다. 부모는 자녀에게 진실한 삶의 시간표가 되어 주어야 하니까요.

4장. 교육전문가로서 학부모와 대화로 협업하기

| '학생'과 '자녀'의 갈등 |

교사들에게 담임교사로서 학생을 가르치며 두려운 요소가 무엇이냐고 물으면 단연 학부모와 관련된 부분이 많습니다. 물론 학생과 관련하여 학부모의 입장이 교사의 입장과 상이하거나 어떤 문제로 인해 갈등으로 번질 경우, 교사가 학부모와 소통하는 데서 생기는 어려움을 말합니다. 교사 한 사람이 지닌 가르침의 스타일이 학급 전체 학생과 학부모들 마음에 모두 부합할 수는 없습니다. 교사 역시 삶의 여정에서 본다면 지속적인 배움의 과정을 통과하는 존재입니다. 학부모는 가정 안에서 행하는 자녀의 모습과 교실이라는 사회적 공간에서 타인과 상호작용하고 있는 아이가 서로 다를 수 있다는 것을 인정해야 합니다. 학부모 입장에서 아이와 보호자의 밀착을 강화할 때, 아이는 학교에서 경험해야 할 학생의 역할이 축소될 수밖에 없습니다. 이것은 곧바로 아이가 겪게 되는 '학생'과 '자녀'가 충돌하는 갈등 관계로 연결됩니다. 감싸고 보호해야 할 대상인 '자녀 위치'와 가르침과 배움을 함께 하게 될 '학생 역할'의 줄다리기가 갈등과 분쟁으로 이어지는 사례를 우리 사회 곳곳에서 보게 됩니다. 이는 우리의 아이들이 학부모와 교사 관계의 역학에서 드러나는 '보호'와 '가르침'의 방향에 따라 여러 가지 상충된 심리적 환경을 맞고 있다는 반증일 것입니다.

이러한 흐름은 교사와 학부모가 '학생'과 '자녀'를 두고 벌이는 대결 구도로 점점 번져가고 있습니다. 2022년 전국교직원노동조합의 '아동학대 사안 처리 과정 실태조사' 결과에 따르면 교사 10명 중 9명은 자신도 아동학대로 의심받아 신고될 수 있겠다는 생각을 하는 것으로 드러났습니다. 실제로 아동학대로 신고 됐다고 밝힌 교사의 61.4%는 무혐의 처분을 받았다는 결과가 나왔습니다.[7] 학교 현장에 불어 닥친 이 같은 경직된 분위기는 교사의 소명을 위축시킵니다. 뿐만 아니라 교사 개인이 일부 학부모에게 사법적 표적이 될 수 있다는 우려에 교사는 학생의 문제에 더 이상 깊이 개입하고 싶지 않게 됩니다. 학생의 행위를 바로잡는 교육 행위에 대한 '자의적 해석'이 '법적인 절차'로 이어지는 사례가 늘어가면서 교육 현장은 그야말로 '분쟁의 진원지'가 되어 가고 있습니다.

어쩌다 학교 현장이 이렇게까지 어려운 상황에 놓이게 된 걸까요? 여러 가지 복합적이고 다층적인 사회적 문제의 결과라고 말할 수 있겠지만, 학교를 중심으로 지속적 관계를 맺고 있는 당사자들로 논의의 폭을 좁혀 놓는다면 핵심적인 문제를 몇 가지 짚어 볼 수 있겠습니다.

| 교사는 관계를 연습하는 사람이다 |

학급 담임을 맡은 교사는 다양한 층위의 학생들과 관계를 형성합니다. 담임교사는 다양한 특성을 지닌 아이를 통해 그들 가족체계가

---

[7] 출처: 서울신문, "손 안든 학생 발표 시키면 아동학대?" 교사 92% "신고 두렵다", 2022년 10월 13일, https://www.seoul.co.kr/news/newsView.php?id=20221013500107&wlog_tag3=daum.

어떻게 형성되어 왔는지 먼저 살핍니다. 그리고 이를 통해 아이가 지닌 관계유형이 교실에서 어떻게 사회적 관계를 맺고 있는지 들여다보게 됩니다. 그래서 교사 경력이 많아질수록 학생들의 관계에 관해 깊이 있게 고민하게 되고 수없이 바뀌는 아이들의 '동맹' 관계를 공동체의 시선에서 바라볼 수 있도록 교육하게 됩니다. 그런데 교사 자신도 이러한 통찰과 시선을 체득하기까지 수많은 '관계 연습'을 거쳐야 한다는 사실입니다.

파커 J. 파머(Parker J. Pamer)는 교사의 가르침의 원천은 교사 자신이 지닌 '내면세계의 풍경'과 '온전함을 향한 성실성'이라고 말합니다. 여기에서 내면세계의 풍경은 교사 개인이 지닌 축적된 시간 속에서 묵혀진 기억과 감정, 이야기, 상처, 애착의 문제 등 여러 요소가 결합 되어 만들어 진 것입니다. 교사 자신이 자라온 환경과 전혀 다른 세계를 살아온 아이들을 만나는 것은 교사의 내면세계를 자주 들여다볼 수밖에 없는 조건을 형성합니다. 아이들을 처음 만났을 때부터 자신을 질책하는 부정적인 내면의 목소리가 생겨나고, 어느새 동료 교사를 보며 비교하고 있는 자신의 민낯을 만나기 시작하면 교사는 아이들을 대하고 있는 자신을 꽁꽁 숨기고 싶어 합니다. 수업이 시작되는 순간 교실 문을 굳게 닫고 더는 오픈하고 싶어 하지 않습니다.

닫힌 교실 문 안에서 교사는 자신의 관계망을 구성합니다. 학생들과 만나는 '방식'은 교사가 지닌 내면세계의 풍경에 대한 자신의 조망권을 반영합니다. 교사는 자신에 대한 학생들의 반응이 곧 스스로의 존재 가치를 평가하는 것이 아니라는 것을 수용할 수 있을 때 다양한 층위의 관계를 소화할 수 있지요. 교사는 자신의 내면과 소통하는 것을 연습하지 않을 때 지속적으로 '감정의 거짓말'에 속을 수밖에 없습니다. 아이들의 행위를 교사에 대한 공격으로 인식하거나, 수업 시간에 반응하는 아이들의 태도만 보고 자신의 수업방식이 형편없기 때문에 발생하는 일이라고 낙담합니다. 그렇게 되면 교사는 자신을 방어하거나 결핍된 요소를 채우는 일에 집중하려고 하지요.

교사가 학생을 향해 방어적으로 대하는 가장 일반적인 모습은 '대상화'하는 것입니다. 학생들을 일반화, 획일화하기도 하고, 동료 교사들과 함께 아이들에 관한 뒷담화를 하면서 스트레스를 풀기도 합니다. 학생의 잘못된 행위가 반복적으로 이루어질 때 푸념하듯 많이 일어나는 일입니다. 반면에 교사가 자신의 결핍을 채우기 위해 아이들의 문제에 깊이 있게 관여하여 '보육'을 하듯 학생의 문제에 매달리는 경우가 있습니다. 아이를 돌보는 일에 지나칠 정도로 에너지를 쏟다 보니 자기 삶은 여유가 없어지고 어느새 정서가 메말라가는 것조차 모르는 경우도 생겨납니다.

심각한 점은 학생을 일반화하여 바라보거나, 아이에게 밀착하여

과도하게 개입하면 교사 자신의 소명이나 자기다움을 점차 잃어버릴 수 있다는 겁니다. 그래서 교사 자신의 내면세계의 풍경을 조망하고, 정서적 한계들이 있다는 것을 인정하며 스스로 보듬어 안을 수 있도록 통찰해야 하고, 그러한 통찰을 교육 현장으로 끌어올려 대화하는 연습을 해야 합니다. 그 연습이 게을러졌을 때, 교사는 일반적인 친밀감의 자리만 맴돌며 학생과의 일대일의 관계 형성 정도를 만족해할 가능성이 높습니다. 학급 전체의 관계망에 대해 평화감수성을 지닌 거시적 공동체의 목표로 전환해 가는 관점을 가질 수 없다는 말입니다. 이렇게 되면 교사는 자신과 관계 형성이 비교적 쉬운 학생들과 만날 땐 즐거움과 행복감을 느끼게 되고, 관계 형성이 어려운 학생들을 만나게 되면 그 해는 무척이나 비관적이고 불행한 감정 속에 머물게 됩니다. 이 모두 교사 개인의 경계 안에서 취사선택하여 관계를 맺으려고 할 때 발생하는 일입니다.

더욱이 교사와 학생과의 관계는 학부모와 직결되어 있습니다. 학부모는 1차적으로 자녀의 이야기를 듣고 교사를 인식합니다. 학부모들 역시 각자 살아온 층위가 다르기 때문에 타인을 대하는 방식에 상당한 차이를 보입니다. 아이들이 인식하는 교사의 이미지와 학부모가 지닌 개별성이 결합 된 상태에서, 교사는 학부모와 건강한 대화를 이어가야 한다는 부담을 갖게 됩니다. 학부모 상담주간부터 아이가 교실 안에서 경험하는 어떤 문제에 관한 개별상담까지, 현실적으로 교사가 학부모와 대화를 진행하는 것을 기꺼워하기는 어렵습니다. 여러 이유가 있겠지만, 핵심적인 원인 중 하나는 한 명의 교사에게 부과된 '교육의 경계'가 제대로 설정되어 있지 않기 때문입니다. 그래서 학부모에 따라 교사에게 요구하는 사항에 많은 차이를 보이기도 합니다. 대화를 거부하고 교사에게 아이에 관한 정보 전달만 원하는 학부모가 있는가 하면, 아이의 돌봄의 범위를 세세하게 요구하는 이들도 있습니다. 자신의 방어기제가 병들어 있다는 것조차 모르고 아이를 바라보는 교사의 시선을 의심하거나 자신이 원하는 대로 되지 않는다고 민원을 제기하는 일부터 다른 학부모와 겪는 개인적인 갈등 문제를 교사에게 해결해 달라고 요청하는 일까지 학부모 각자의 욕구에 따른 요구는 다양하고 난감합니다.

학교와 관련된 모든 주체들은 학교를 단순한 교육기관을 넘어 교사, 학생, 학부모 3주체가 함께 성장하고 온전한 교육을 이루기 위한 서로의 디딤돌이 되어 가는 '과정'으로 인식하는 것이 중요합니다. 교사는 교육의 주체, 학생은 배움의 주체, 학부모는 돌봄의 주체로 함께 과정을 만들어 가야 합니다. 교사는 디딤의 과정을 만들기 위해 학부모와 만날 준비를 해야 합니다. 만남을 위한 준비는 교육과정에 대한 설명, 학생의 학습과 행동 발달에 이르기까지 다양하겠지만, 제일 중요한 것은 '소통'을 준비하는 것입니다. 교사가 학부모와 소통하고자 할 때 깊이 있게 생각해야 할 것은 '정보 교류'가 아닌 '대화'여야 한다는 점입니다. 아이에 대한 정보교류가 전부인 양 시행되는 30분 단위로 분절된 현재의 '학부모 상담주간'은 교사의 시간과 체력 싸움으로 비춰지는 경향이 있습니다. 상담주간을 설정한 것이 잘못은 아닙니다만 담임교사 한 사람에게 의존된 관찰 내용을 학부모가 자신의 성향에 따라 가족체계 안에서 발견된 아이의 특성을 교류할지 말지 결정하여 교사와 정보를 맞교환하는 방식으로 이루어지는 기존의 형태는 분명 재고해 볼 필요가 있다는 의미입니다.

'학생'과 '자녀'의 간극에서 '차이'가 발견되는 것은 당연합니다. 그러기에 상담주간에만 '분치기'로 집중해서 상담하는 것을 지양해야 합니다. 일상에서 '대화'로 소통하는 것을 지속적으로 연습해야 합니다. 그렇다면 학부모와 할 수 있는 대화는 어떤 성격이어야 할까요?

| **대화의 방식** |

사실 학부모와 어떤 방식으로 대화할 것인가를 논하는 것 자체가 어려운 일입니다. 교사 개인마다 말하는 방식, 생각하는 깊이와 넓이가 다르기 때문입니다. 역으로 교사가 만나야 할 학부모의 상황도 모두 개별적이기 때문에 기준이 되는 대화 형태가 존재한다는 것이 적절치 않을 수도 있습니다. 하지만 교사가 핵심적인 대화의 구조를

세워가는 기초가 무엇인지 튼실하게 준비할 수 있다면 학부모와 조금 더 밀도 있는 관계를 세워갈 수 있으리라는 기대를 할 수 있습니다. 그런 기대 속에서 몇 가지 상황에 따른 대화 구조를 소개하고자 합니다.

1) 교사가 학부모에게 학생에 관한 이야기를 전할 때

학생에 관한 이야기는 교사가 학부모와 가장 많이 대화하는 주제입니다. 그 내용은 학교에서 오전과 오후 시간대를 보내며 나타나는 아이의 행동 습성, 학습 태도, 아이의 의도나 의지의 방향성, 친구들과의 관계 등을 포괄하고 있습니다. 대부분 교사는 학부모에게 아이를 긍정적으로 '소개'합니다. 사회생활의 모판이 되는 교실에서 부모가 발견하지 못한 아이의 모습을 소개하는 것은 분명 중요한 일이기 때문입니다. 아이에게 부족한 부분도 분명 언급하지만, 더 성장할 것이며, 성장 중임을 '소개'합니다. 긍정적인 시선으로 학교생활을 관찰하고 그에 관한 학생의 소소한 일상을 예시로 들며 구체적인 행동을 묘사하는 것 또한 놓치지 않습니다. 이렇게 '소개'할 수 있는 것은 교사가 학생을 일상에서 자주 만났기 때문입니다. 교사의 바쁜 일상에 학생이 스쳐 지나가더라도 잠시 멈추어 한 번 더 인사를 나눌 이유입니다. 아이의 학교생활을 학부모에게 전할 때는 '소개'하는 방식을 선택하십시오. 아이의 자율성이 공동체와 연결되고 있는 신기하고도 놀라운 현상을 소개하시면 좋겠습니다.

> "어머니, 제가 경민이와 함께 생활한 지 두 달 정도 되어 갑니다. 경민이는 아주 쾌활하고 영민하게 수업에 참여하고 친구들과 지내고 있어요. 쉬는 시간에 화장실을 다녀오거나 자기 주변 정리를 하는 것도 곧잘 하고, 선생님에게 도움 구할 것이 있으면 바로 와서 자기의 말로 이야기할 수 있는 친구입니다. 수업 시간에 옆 친구와 장난을 치기도 하는데 대체로 수업에 즐거움을 느끼고 있어서 저로서는 에너지를 주는 친구라고 할 수 있습니다. 다만, 경민이가 때때로 힘겨워 할 때가 있더라고요. 무슨 일인지 물어보면 대부분 학원에 가기 싫다는 말이었어요. 두 개의 학원을 들러 집에 간다고는 하는데, 아무래도 아이가 학원 숙제에 대한 부담이 큰 것 같더라고요. 어머니께서도 살펴주시면 좋을 것 같습니다. 교실 안에서 생활할 때는 에너지가 큰 아이인데 학원에 갈 시간이 되면 주눅이 드는 것 같으니 경민이와 더 대화를 나눠보면 좋을 것 같아요. 저도 아이를 도울 수 있는 것이 있는지 나눠보겠습니다. 가정에서도 논의해 주세요."

2) 교사가 학부모와 가정의 상황을 질문할 때

교사가 학생과 학부모의 형편, 가정의 상황을 질문하는 것은 매우 어려운 일입니다. 개인정보이기도 하고 가족체계가 드러나는 것이 불편하기 때문입니다. 보통은 교사가 학생 가족의 상황을 질문하지 않습니다. 하지만 교사와 상담 과정에서 학생이 먼저 이야기를 꺼냈거나 가족 상황이 학생 생활에 지속적으로 불안정한 영향을 미치고 있다고 판단된다면, 학생의 정황을 설명한 후 가족 상황에 대해 조심스럽게 질문할 필요가 있습니다. 예를 들어 학생이 지속적으로 손톱을 물어뜯거나 자해 행동에 준하는 위험 행동을 시도하는 경우, 또는 무기력하게 온종일 엎드려 있거나 아무것도 하지 않으려고 할 때는 현재의 가족체계 뿐 아니라 과거의 가족 상황에 문제가 있을 가능성을 염두에 두어야 합니다. 이때는 학생 상담을 통해 먼저 자신의 심리상태를 이야기로 충분히 드러내도록 기회를 만들고, 이후 근본적인 접근을 위한 방법으로 학생을 돌보고 있는 가족체계가 지닌 특성을 알아볼 필요가 있습니다. 학생에 대한 개입은 담임교사 혼자 감당하기보다 학년부와 상담교사, 교육복지사가 함께 연대하여 진행하는 것이 부작용을 방지할 수 있고, 제3의 사회적 도움으로 연결해 나갈 수 있는 방법이 될 것입니다.

"요즘 지영이가 자주 손톱을 물어뜯고 있는 것 같습니다. 교실에서는 별문제가 없다고 말하고 있고 제 수업 때나 다른 교과 시간에도 들어보면 별 탈 없이 지내고 있는 것 같긴 한데... 분명 지영이가 뭔가 스트레스를 받고 있는 것 같긴 하거든요. 그래서 상담 선생님께도 말씀드려 대화를 진행하고 있는데, 부모님과는 지영이가 어떻게 대화를 나눴는지 궁금합니다."

> "이 상태가 지속되는 것은 아이에게 분명 좋지 않습니다. 지금은 별 문제 없다고 얘기하지만, 친구 관계도 점점 위축될 수 있고 수업 참여도 떨어질 수 있어 자연스레 학습 부진이 따라올 수 있습니다. 염려가 되긴 합니다만 그래도 지금은 지영이 마음을 살펴야 할 때라고 생각합니다. 억지로 떠밀지 않고 자연스럽게 대화로 초대하다 보면 아이도 한층 더 성장해 나갈 거예요. 어머니께서도 그렇게 신뢰를 보내 주시면 좋겠습니다."
>
> "지영이가 집에서는 어떻게 지내나요? 아이가 혼자 있을 때 어떻게 지내는지 궁금합니다. 혹시 부모님과 자주 대화를 하는 편인가요? 소통이 안 되는 부분이 있다고 말씀하셨는데, 언제부터 그런 느낌을 가지셨나요?"

3) 학생이 관련된 '문제 상황'을 전달할 때

학생이 어떤 사건에 연루되어 있을 때 교사는 학부모에게 사실관계를 알리고 후속 과정을 진행하게 됩니다. 물론 현행법상 담임교사가 후속 과정 전체를 주관하지는 않지만, 초기 대응에 있어서 중요한 '역할'을 하는 것은 맞습니다. 초기에 하게 되는 교사의 역할이란 교사가 직접 사건 현장에 있었을 때, 또는 교사가 사건 현장에 없었고 다른 학생들을 통해 사건을 인지하게 되었을 때, 또한 사건의 성격상 피해자·가해자가 분명하게 나뉘는 사건일 경우와 학생 상호 간에 정확하게 분별할 수 없을 만큼 의견이 혼재되어 있을 때 등으로 나눌 수 있습니다. 먼저 교사가 사건 현장에 있었고, 사건을 직접 목격한 경우에는 교사가 어떤 상황인지 정확하게 인지할 수 있는 상황입니다. 이런 경우, 교사의 목격 상황이 모두 정확하다고 미리 판단하기보다 어떤 정황 속에서 벌어진 일인지 당사자들이 직접 자신의 감정을 표현할 수 있도록 기회를 주는 것이 필요합니다. 교사가 목격자로 있었지만, 학생들의 맥락과 감정은 또 다른 문제이기 때문입니다. 일반적으로 사건이 벌어지고 문제 상황에 연루된 학생들의 경우 자신의 행위 기억은 축소되고 상대방의 행위는 감정적으로 부풀려지는 경향이 있습니다. 그래서 교사가 직접 목격한 사건이라 하더라도 공식적으로 아이들의 맥락과 감정의 차이를 듣고, 이를 종합한 객관적 시선을 지니고 나서 학부모에게 사건의 맥락을 설명하는 것이 좋습니다. 보통의 아이들은 선생님이 알고 있는 사실적인 이야기보다 감정적인 이야기에 치우쳐 있습니다. 어떤 일이 벌어졌는지, 왜 이런 일이 벌어졌다고 생각하는지 학생들에게 질문하고 나서 학부모에게 알리는 것이 불필요한 오해를 줄일 수 있는 방법입니다.

> "어머니, 5교시 수업 시간에 찬수와 희영이가 다투는 일이 있었습니다. 다른 아이들이 있는 자리에서 두 아이가 말다툼을 했는데, 자초지종을 들어보니 두 아이가 4교시 체육 시간에도 줄 서는 문제로 티격태격한 상태였습니다. 체육 시간의 일은 체육 선생님을 통해 듣게 되었고요. 4교시와 5교시에 있었던 일의 사실 관계는 두 친구 모두 인정하고 있습니다."

4) 학부모가 교사를 신뢰하지 않는다는 신호를 보내고 있을 때

부모는 자녀에게 문제가 생기면 그것이 작든 크든 상관없이 아이를 먼저 보호하고자 하는 마음이 생깁니다. 그래서 교사와 아이에 관해 통화를 하거나 문자 메시지를 주고받을 때 여러 반대급부를 생각하거나 질문으로 표현할 수 있습니다. 본능과도 같이 일어나는 일들입니다. 학부모는 자신이 판단한 내용에 교사가 다른 시선을 갖고 있거나 반응을 보이게 된다면 불안한 감정을 보일 수도 있습니다. 아이의 이야기에 의존하여 문제를 정리한 부모 입장과 전체적으로 파악하여 문제를 다른 시선에서 보고 있는 교사의 반응은 다를 수밖에 없기 때문입니다. 이때 보통 대부분의 학부모는 교사가 말하는 내용에 귀를 기울이고 자신이 정리한 내용이 전부가 아닐 수 있다는 판단을 하게 됩니다. 그리고 문제해결을 위한 과정에 어떻게 참여하는 게 좋을지 함께 논의하려고 하지요. 그러나 일부 학부모의 경우 교사의 의견에 정면으로 충돌하거나 교사에게 문제의 원인을 돌리며 원망 섞인 감정을 표출합니다. 학부모가 지닌 방어기제가 어떻게 형성되었고, 평소 그가 대인관계에서 문제 상황을 다루는 형태를 교사는 전혀 알 수 없기 때문에 그 순간 당혹스러운 상황이 벌어지기도 합니다. 이런 경우 교사는 학부모와 전환적 소통을 시도하여 갈등의 불씨를 키우지 않도록 해야 합니다.

교사를 신뢰하지 않고 자기주장만을 지속하는 당사자와 소통하기 위한 기본적인 방식을 아래에 소개합니다.

첫째, 먼저 경청해 주세요.

학부모가 일방적으로 사실이 아닌 내용을 주장하려 할 때 교사는 잘못된 사실이 나올 때마다 끼어들어 "그게 아닙니다."라고 말하고 싶어집니다. 그래서 학부모가 한 단락의 이야기를 끝내고 나면 교사는 곧바로 "그게 아니라 ~입니다."라고 대꾸합니다. 교사는 바로잡고 싶은 마음에 하는 말이지만, 그럴수록 상대방은 점점 더 격양된 반응을 보이게 됩니다. 심지어는 교사의 그 같은 반응에 자신을 무시한다고 느끼거나 사건을 은폐한다고 오해하기도 하지요. 자신의 아이만 낙인찍는다고 판단하는 경우도 종종 있습니다. 이렇게 불편한 소통을 이어가지 않기 위해서는 온전한 경청이 필요합니다. 잘못된 사실을 이야기하더라도 곧바로 반박하지 않고 "네, 그렇게 이해하셨군요. 지금 아이가 그 상황을 어떻게 받아들이고 있나요?"라고 질문하거나, 잘못된 사실에 동의하지 않지만 감정에는 공감한다는 표현을 할 필요가 있습니다.

"아, 네. 그런 감정이 생기셨다는 말씀이시군요.", "아이에게 그 사실을 들었을 때, 굉장히 불편하셨군요."

공감하는 마음의 표현은 상대방이 '지금 내 말이 전달되고 있다'는 인식을 갖게 합니다. 물론 이런 표현은 교사가 학부모의 마음 상태를 정확하게 아는 것이 필요하기에 학부모가 더 말할 수 있도록 돕는 차원이기도 합니다.

둘째, 학부모가 말한 내용을 정리해 주세요.

자신의 입장을 강하게 말하는 사람일수록 피해의식이나 억울한 감정 등이 가득 차 있는 경우가 많습니다. 그래서 교사와 설전을 벌이는 것을 대립되는 상황에서 자신의 입장을 관철시키기 위한 방법으로 여기기도 하지요. 교사는 학부모와 설전을 벌이기보다 더 많은 이야기를 할 수 있도록 안내하고 차근차근 내용을 단락별로 정리하는 것이 필요합니다.

"학부모님이 말씀하신 내용을 제가 잘 이해했는지 다시 정리해 보겠습니다."

"학부모님은 아이가 ~~해서 ~~한 상황에 처했고, ~~하게 대응한 결과 ~~한 상태가 되었다는 말씀이시지요? 제가 말씀드린 내용 중에 빠진 것이 있다면 말씀해 주세요."

대화 상황에 따라 여러 변수가 발생하지만, 교사가 상대방의 이야기를 경청하고 정리할 수 있는 일정 정도의 수용성을 가지고 있다면 갈등으로 치닫게 되는 긴장감을 낮출 수 있습니다.

셋째, 교사의 입장은 객관적 표현으로 전달하세요.

교실 안에서 발생한 일에 관해 학부모와 소통할 때 어느 쪽도 일방적인 주장으로 끝나서는 안 됩니다. 일방적인 주장은 상대방에게 상처를 주기도 하지만, 분노 감정을 일으켜 더 큰 분쟁으로 이어지기 때문입니다. 교사는 간혹 학부모의 일방적인 감정적 내용을 듣고 1차 매듭을 짓는 경우가 있습니다. 더 이상 대화가 되지 않는다고 판단해서지요. 교사가 자세하게 문제 상황을 파악하지 못한 상태라면 구체적인 정황을 알아보고 다시 소통하는 것으로 마무리하면 됩니다. 그러나 정황을 파악한 상태라면 상대가 교사에게 다소 무례하게 굴더라도 교사는 객관적인 사실을 분명하게 전달해야 합니다. 물론 경청하고 정리하는 단계를 거쳐 내용을 전달하는 것이지요. 객관적 표현이라는 것은 교사의 개인적 입장이 아니라 문제의 여러 측면을 관찰하고 정리한 것을 말합니다. 간략하게 내용을 정리하면 다음과 같습니다.

"학부모님, 지금까지 말씀해 주셔서 감사합니다. 아이가 학부모님께 전달한 것을 들어보니 감정적으로 무척 속상하셨을 거라 생각이 되네요. 지금은 여기에 함께 했던 아이들과 교사의 입장을 다각적인 측면에서 말씀드리겠습니다. 처음 이야기를 해야 하는 시점은 ~~인 것 같습니다. 이 문제를 지켜봤던 대부분의 아이들이 그 문제가 발생하기 전에 시작되었던 지점은 ~~라고 조사과정에서 진술하였고, 수업을 진행하셨던 선생님들 역시 단순히 어느 시점에서 일어난 일이 아니었다는 관찰 결과를 말씀해 주셨습니다. 그래서 이번 일은 학부모님이 말씀하신 아이의 시점보다 더 넓은 범위에서 시작되었다는 것을 알게 되었습니다. 그러니 이번 문제가 해결되기 위해서는 단순하게 한 두 사람의 시시비비를 가리기보다, 어떻게 이런 일이 벌어지게 되었는지 서로가 대화를 통해 풀어가야 감정적인 싸움이 되지 않을 수 있다는 판단이 듭니다. 학부모님도 이러한 정황을 감안하셔서 아이와 다시 한번 이야기를 나눠보시고 문제해결에 함께 참여해 주시기를 바랍니다."

교사의 입장이나 문제 상황에 따라서 여러 가지 이야기를 나눌 수 있을 것입니다. 그러나 핵심은 어떠한 문제가 일어났으며, 이번 일로 영향받은 사람들은 누구인지 당사자를 분명히 하는 것입니다. 학부모와 대화하면서 교사의 개인적인 어투나 이미지로 중심을 벗어나 다툼이 일어나는 것은 옳은 방향이 아닙니다. 문제의 핵심을 찾아 해결과 전환을 위한 과정을 만드는 것이 교사의 역할임을 기억해야 합니다.

5부. 갈등전환으로 가는 길

갈등은 문제가 아니다.

1장. 갈등은 새로운 관계를 만든다.

대체로 교사는 교실 갈등을 불편해합니다. 갈등 해결의 답을 찾지 못해서라기보다 어떻게 갈등을 '해결'해야 할지 제각기 발생하는 문제마다 '과정'이 다르기 때문입니다. 학생이 교실에서 일으키는 문제 행동의 수위는 대체로 그 아이가 속한 가족체계의 영향력인 경우가 많아서 교실에서 '옳고 그름'의 교육이 정상적으로 이루어지지 못하는 경우가 생깁니다. 여기에 세대 간 문화 격차가 커지면서 아이들이 서로서로 관계를 형성하는 방식마저 모호해졌습니다. 학부모들의 갈등을 대하는 자세나 참여방식이 점점 불합리한 쪽으로 치닫고 있다는 정보가 증가하고 있습니다. 이러한 딜레마를 양산하는 교실 갈등을 교사는 어떻게 바라보아야 할까요?

갈등은 풀어내는 것입니다

우리는 갈등을 보통 움직이는 생명체에 비유합니다. 생명체처럼 생성되었다가 소멸합니다. 또 상호 간에 벌어진 일이기에 예측한 대로 움직이지 않을 뿐 아니라, 갈등 당사자들의 선택에 따라 다양한 갈등의 역동이 나타납니다.

갈등을 나타내는 영어 단어 'conflict'의 라틴어 어원은 'confligere' 입니다. '서로 마주 보고(con), 부딪치다, 때리다(fligere)'는 의미를 지닙니다. 서구문화권에서는 갈등을 흔히 열(熱)에 비유하지요. 그래서 갈등을 해결한다는 것은 불을 끄는 것으로 이해합니다. 갈등 해결을 위해 분쟁의 '불씨'가 될 만한 것을 제거하려고 하지요. 그런데 동양에서 갈등(葛藤)은 전혀 다른 색채를 지니고 있습니다. '칡 갈(葛)' 자와 '등나무 등(藤)' 자를 써서 서로 감아 올라가는 특성이 있는 칡과 등나무가 얽혀 있는 것을 표현합니다. 동양은 서양과 다르게 갈등이 유기적인 특성이 있다고 보는 것입니다. 갈등은 없애는 것이 아니라 풀어내는 것이 중요하다는 의미입니다. 사람이 만든 갈등은 또한 사람이 풀어낼 수 있다는 것을 나타냅니다. 그래서 불씨를 소화하여 끄는 것처럼 갈등을 눈앞에서 없애는 방식을 동양적 사고에 접목한다면 줄기를 끊어내는 것입니다. 그러나 여기에서의 딜레마는 갈등을 풀지 않고 끊어낸다면 그 줄기가 누구의 것인지 모를 수 있다는 것입니다. 상대를 끊어내려 했는데 알고 보니 내 줄기를 끊어낼 수도 있는 일입니다.

교사가 교실 갈등을 매년 겪다 보면 갈등이 없는 '평온한 상태'가 평화롭다고 생각하거나 교사에게 순응하는 아이들이 많은 학급을 담임하는 것이 굉장한 행복이라고 느낄 수 있습니다. 교사라면 누구나 바랄 수 있는 학급의 모습이겠지요. 하지만 다시 한번 깊이 생각해야 할 점은 갈등이 없는 공동체는 없다는 사실입니다. 아이들 모두 살아 있는 존재이기에 각각의 역동이 일어나고 부딪쳐 파동이 생겨납니다. 만약 이것을 부정하려고 한다면 우리는 반평화의 올무에 걸려들게 됩니다. 반평화는 평화로 위장된 폭력의 상태를 의미합니다. 아무 일도 일어나지 않는 학급을 만드는 것이 중요한 것이 아니라, 어떤 문제가 생기면 그 상황과 직면하여 문제를 풀어갈 수 있는 지혜를 배워가는 것이 '교육'입니다. 그래서 진정으로 회복적 생활교육이 일어나는 교실은 갈등을 풀어가는 과정이 존재하고 교사와 학생들이 갈등의 실타래를 풀어가는 연습을 지속합니다. 갈등을 두려워하거나 회피하여 웬만한 일들은 교사의 성정(性情)에 의해 수습하거나 봉합하는 것을 즐겨하지 않습니다.

| 갈등에 대한 교사의 대처 방법 |

그렇다면 교실 갈등은 어떻게 연습해야 할까요? 갈등이 일어났을 때 교사는 먼저 개입 시점을 알아야 합니다. 갈등은 당사자들의 상호작용으로 출렁거립니다. 언제 어떤 변수를 만나 예측하지 못한 방식으로 변환될지 모르는 일입니다. 그렇다고 흐름이 보이지 않는 것은 아닙니다. 갈등의 단계에 대한 여러 의견이 있지만 보통은 5단계로 나누고 있습니다.

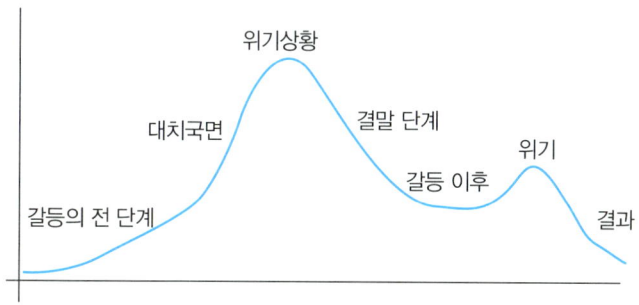

① 갈등의 전 단계: 잠재적인 갈등상태를 말합니다.

② 대치국면: 갈등이 수면 위로 올라오고 점점 심화하는 과정입니다.

③ 위기상황: 갈등이 최정점에 올라 싸움이 벌어지는 상황입니다.

④ 결말단계: 갈등이 겉으로는 해소된 것처럼 보이는 단계입니다.

⑤ 갈등 이후: 갈등이 표출된 이후 갈등의 상황이 당사자들에게 내재화되어 억제되고 있는 단계입니다.

교사는 갈등의 단계 중 어느 상황에서 개입하는 것이 좋을까요? 가장 적절한 개입 단계는 '대치국면'입니다. 갈등이 수면 위로 올라와 심화하는 과정에 개입한다면 어떠한 위기상황을 초래하지 않고도 갈등 해결을 위한 다른 선택을 할 수 있기 때문입니다. 그러나 교사가 아이들의 갈등 상황이 대치국면 인 것을 알아차리기란 매우 어렵습니다. 교사가 알지 못하는 상황에서 벌어지고 있다거나 아이들 간에 은밀하게 언어적인 대립으로 지속적인 갈등을 심화시키고 있다면 개입하기가 어렵습니다. 기본적으로 대치국면에 교사가 개입하려면 학급 구성원들 간에 '신뢰'가 있어야 합니다. 여기서 말하는 신뢰는 당사자들이 갈등 상황을 두려워하거나 수치스럽게 여기지 않고 제3자의 개입을 요청할 수 있는 구성원들 사이의 관계망이 형성되어 있을 때 발생하는 에너지를 말합니다. 어느 때든 갈등을 겪고 있는 학생이나 그것을 지켜보는 학생이 선생님에게 또는 다른 친구들에게 개입에 대한 도움을 요청할 수 있는 여지가 있어야 대치국면의 개입이 가능할 것입니다. 그러면 위기상황일 때는 어떻게 해야 할까요? 위기상황이 벌어졌을 때는 갈등 당사자를 분리시키는 것이 최선의 방법입니다. 그 자리에서 잘잘못을 가릴 필요가 없습니다. 잠시라도 분리하여 감정적으로 안정을 되찾을 수 있도록 돕고, 이후에 당사자들과 대화를 나누어야 합니다.

현실적으로 교실 현장에서 가장 많은 개입이 있는 때는 '결말 단계' 또는 '갈등 이후 단계'입니다. 위기상황이 벌어지고 나서 표면적으로 갈등이 종료된 것처럼 보일 때쯤 일반적으로 교사가 개입하게 됩니다. 문제는 갈등이 종료되거나 내재화되어 가는 단계에서 당사자가 다시 문제 상황을 되짚어 진술하게 될 때 갈등이 다시 촉발되는 경우가 많다는 것입니다. 그래서 이후에는 교실에서 갈등을 풀어가기보다 끊어내려고 할 때 장기적인 관계 파괴 현상을 자주 겪게 됩니다. 갈등 상황을 몇 차례씩 진술한 아이의 마지막 말을 들어보세요. "저 친구를 다시는 보고 싶지 않아요.", "나에게 말 걸지 않고 쳐다보지도 않았으면 좋겠어요." 등이 많은 이유가 뭘까요? 결국 아이들 사이에 '관계 형성'이 되어 있지 않았기 때문에 '관계 회복'의 길도 발견하지 못하는 겁니다. 훼손된 관계를 어떻게 회복할 것인지 그 모형을 갖고 있지 못해서 생겨나는 부작용입니다. 교실에 아무 일도 일어나지 않고 있을 때, 평온하다고 느끼고 있는 그때에 공동체에 신뢰와 공감, 존중으로 채워진 하부구조를 튼실하게 세워가야 한다는 것을 강조하는 이유입니다. 아무리 교사의 갈등 해결 능력이 탁월하다 하더라도 학급공동체 하부구조의 힘으로 또래압력이 발현되어 해결해 가는 것보다 나을 수는 없습니다. 아이들이 서로 존중하는 힘이 폭력의 에너지보다 커질 때 갈등은 해결의 자발적인 해결 과정을 찾을 수 있습니다.

| 행위자의 '자발적' 책임이 분명하게 이루어져야 합니다 |

갈등이 제대로 해결되기 위해서는 피해를 입힌 행위자에게 분명한 책임이 주어져야 합니다. 회복적 정의의 방식이 기존의 처벌로 매듭을 짓는 응보적 정의와 구별되는 핵심 지점 중에 하나는 바로 행위자의 '자발적 책임'입니다. 제3자가 내리는 처벌에 의해 암묵적으로 책임의 무게를 규정짓는 방식이 아니라 가해 행위자가 피해자와 훼손된 관계 회복을 위해 자발적으로 참여하여 책임을 지는 것은 실질적으로 무엇을 위해 책임이 존재하는가와 연결됩니다. 책임은 곧바로 사과하는 것만을 의미하지 않습니다. 훼손된 것을 복구하고 관계를 바로잡는 것까지 포함합니다. 학생이 학급 공동체와 약속한 것을 지키지 않았다면, 공동체를 위해 어떻게 책임 있는 자세를 보여줄 것인지 고민해야 합니다. 단지 '미안하다'는 말로 머뭇거리는 것을 받아주는 것은 자발적 책임과는 거리가 있습니다.

이런 의미에서 요즘 초등학교 저학년 교실에서 흔히 이루어지는 '사과 행위'야말로 자발성과 책임을 잊게 만드는 비교육적 방식입니다. 어떤 문제가 발생했을 때, 한쪽 아이가 사과하겠다고 하면 상대방도 알았다고 하면서 '주고받는 말'이 있습니다.

"미안해~", "괜찮아~"

이 두 마디면 문제가 간단하게 '해결'되는 현상을 봅니다. 어린 학생들이니 그렇게 깊이 있게 책임을 물어야 하는지 의뭉스럽기도 하겠습니다만, 무엇을 미안하게 생각하는지, 미안한 행동의 결과는 무엇인지, 상대방의 마음은 어떠하다고 느끼는지, 앞으로 어떻게 행동할 수 있는지를 질문하는 과정이 아이를 위해 더 구체적으로 필요하지 않을까요? 공식처럼 주고받는 말이 상황의 종료를 의미하는 것이 아니라 지금부터 관계 회복을 위해 책임을 지겠다는 출발선이 되어야 합니다.

또한 자발적 책임을 진다는 의미는 새로운 관계를 만들겠다는 의지입니다. 만약 두 명의 친구가 다퉈 교사가 개입해야 할 상황이라면 두 친구를 따로 혹은 함께 만나서 갈등 해결 과정을 진행하실 겁니다. 다행히 문제가 잘 해결되던 중에 교사는 아이들에게 이렇게 질문하시겠지요. "앞으로 이 친구랑 어떻게 지내고 싶니?" 감정적으로 해소가 된 상태라면, 대부분 아이는 이렇게 답을 합니다. "예전처럼 이 친구랑 사이좋게 지내고 싶어요." 이 대답에는 오류 하나가 존재합니다. 갈등을 겪던 친구는 예전의 기억을 꺼내어 그때처럼 함께 하고 싶다고 말하고 있지만, 갈등의 특성상 위기 상황을 겪었다는 것은 관계가 '훼손'되었다는 것을 의미합니다. 그러니 문제가 해결되었다고 느낄 시점에서는 예전의 관계를 복구하는 것이 아니라 지금부터 새로운 관계를 만들어 가겠다는 약속이 있어야 합니다. 이전의 관계를 부정하려는 것이 아닙니다. 훼손된 것을 바로잡는 책임이 존재했을 때 두 친구의 관계는 이전과는 다른 책무성을 갖게 되고, 존중이 작동하는 새로운 형태의 관계가 성립된다는 의미입니다.

여기에서 또 하나 짚고 넘어가야 할 부분은 학생에게 자발성이 없을 때 갈등을 어떻게 해결하는가의 문제입니다. 자발성은 직면을 통해 자신이 잘못한 행위를 직시하고 회복을 위해 어떻게 참여할 수 있는지 결정할 때 가능합니다. 자발성이 있는 학생이더라도 자신의 자발성에만 의존하여 책임을 정하는 것이 아니라 피해를 입은 사람과 영향받은 공동체의 필요를 따라 책임의 수위를 정해야 합니다. 그러나 자발성이 부족하여 일부분만 수용한다거나 잘못된 행위로 타인에게 피해를 입혔음에도 계속해서 핑계와 책임회피로 문제를 왜곡시키는 학생이라면 어떻게 해야 할까요? 첫 번째 방법은 직면할 수 있는 대상의 폭을 넓히는 것입니다. 교사와 문제 행위자의 대화에서 피해상황을 공감하지 못하고 있다면, 영향을 받은 학생들, 교사들이 참여하는 피스메이킹 서클을 가질 필요가 있습니다. 이때 영향을 받은 학생들은 문제 상황을 목격하거나 함께 있었던 학생들, 혹은 이 문제로 인해 불편함을 드러내는 학생을 말합니다. 교사가 참여할 경우, 학생의 문제를 직접적으로 보지 못했더라도 평소 학생의 반복적인 문제 행위에 대해 어떤 마음을 갖게 되었는지 대화를 나눌 수 있다면 가능합니다. 다만 직면의 폭을 넓히는 것은 신중하게 진행할 필요가 있습니다. 아무리 잘못된 행위를 했다 하더라도 타인들 앞에서 자신의 모습이 드러나는 것은 수치스럽기 때문에 충분한 설명과 동의가 있어야 가능합니다. 보통 학생의 보호자에게도 알리고 이 문제해결을 위해 함께 논의하는 과정에서 직면의 폭을 넓혀 가는 것이 바람직합니다.

그런데 이러한 직면의 과정조차 거부하거나 문제해결에 참여하지 않을 때는 어떻게 해야 할까요? 대화와 참여, 책임의 과정으로 이어지는 회복적 생활교육에 참여하지 않을 때는 '공적인 책임'의 형태로 이어가야 합니다. 공적인 책임이란 법률에 따른 처벌 조항에 적용을 받는 것입니다. 누군가는 '결과적으로 응보적인 방식 아닌가?' 하는 의구심이 들 수도 있을 것입니다. 이 책의 서두에서도 언급했듯이 응보적 정의와 회복적 정의는 양날의 검과도 같습니다. 응보적 정의의 반대가 회복적 정의가 아니듯, 응보적인 책임의 형태가 이루어진다고 해서 회복적 생활교육과 거리가 멀어지는 것은 아닙니다. 다만 아이에게 응보적인 처벌이 이루어지고 나서 '재통합을 위한 대화'가 이루어지도록 구조를 세우는 것은 또 다른 의미의 '직면'이라고 하겠습니다.

2장. 갈등 해결을 위한 분석의 기술

•

교사가 갈등에 개입하기 위해서는 몇 가지 알아야 할 내용들이 있습니다. 앞서 갈등의 단계를 언급할 때 어느 단계에서 개입하는 것이 효과적일 수 있는지 논의했다면, 이제는 어떻게 개입할 것인가를 생각해야 합니다. 어떻게 개입할 것인지를 결정할 수 있다면, 갈등을 분석하는 법을 익혀야 하고 직접 문제해결에 참여할 당사자들을 만나서 어떤 질문의 구조로 대화를 나눌 것인지 연습해야 합니다.

| 갈등 개입을 위한 선택의 범위 |

학생들에게 어떤 문제가 발생했다고 가정해 보겠습니다. 어떻게 해결하는 것이 가장 최선의 문제해결 과정일까요? 갈등과 문제를 부정적으로 본다면 공동체의 '걸림돌'로 인식되어 피해야 할 역기능적 대상이 되지만, 갈등을 배움의 과정으로 본다면 학생의 자아 성장과 대인관계, 의사소통, 공감 능력의 향상과 공동체의 평화로운 가치를 경험으로 배우는 순기능적인 '디딤돌'이 됩니다. 그래서 학생들 간에 문제가 벌어졌을 때 교사가 취할 수 있는 최초 '가르침'의 출구는 아이들에게 대화가 가능한지 여부를 알아보는 것입니다. 대화가 가능하다는 것은 갈등 당사자의 자율성과 자기 통제권이 확보된 상태에서 스스로 상대 당사자와 만나 자신의 욕구를 나눌 수 있다는 의미입

니다. 갈등이 일어났을 때 쌍방 간 대화로 문제를 해결할 수 있다면 서로를 존중하는 연습이 꾸준하게 진행되어 신뢰 사이클이 학급을 움직이고 있다는 반증입니다.

만약 대화가 원활하게 되지 않는다면, '협상 테이블'에 앉아 서로의 감정은 잠시 내려놓고 각자의 실익을 따라 주고받는 과정이 만들어질 수 있습니다.[8] 실제 교사와 학생, 학생과 학생, 부모와 자녀 사이에 대화가 줄어들고 협상이 많아지는 경향이 생기는 것은 자신의 '실익'을 먼저 생각하고 사람과의 '관계'는 그 뒤로 하는 안타까운 측면도 포함되어 있습니다. 그래도 양측이 누군가의 개입 없이 문제해결을 위해 자발적으로 조율하며 서로가 공존할 수 있는 방법을 찾는다는 점에서 협상은 의미 있는 작업입니다.

교실에서 벌어지는 관계갈등에서 협상으로 진행되지 못하는 문제는 대부분 일대일로 풀지 못하는 '사건'이 됩니다. 이때부터는 제3자가 개입하여 문제해결에 도움을 주어야 합니다. 제3자가 반드시 교사를 의미하지는 않습니다. 친구나 부모도 직간접적으로 영향을 주면서 개입할 수 있습니다. 그렇다면 제3자가 개입할 수 있는 첫 번째 단계는 무엇일까요? 바로 '알선(conciliation)'이라고 부르는 개입 방

---

[8] 여기에서 다루는 '협상'은 공공갈등이나 경영학의 범주에서 논하는 거시적인 협상(negotiation)과 교섭(bargaining)의 단계까지 포괄하지 않습니다. 학교 현장의 관계갈등에서 발생하는 문제를 당사자가 어떻게 해결할 수 있는가를 논의하는 관점에서 미시적인 관점의 '협상'을 말합니다.

식입니다. 알선은 갈등을 겪고 있는 당사자가 어떤 문제에 노출되어 있는지 그 속내를 깊이 있게 알지 못하더라도 문제해결에 당사자들이 나설 수 있도록 공동체 안에서 '부추기는 것'을 말합니다. 알선자는 문제의 해결지점을 제시하거나 알지 못할 수 있지만, 갈등 당사자의 협조가 있다면 서로가 문제해결을 할 수 있는 여지를 제공할 수 있습니다.

알선으로 개입이 적절하게 이루어지지 못한다면, 두 번째로 진행이나 촉진(Facilitation)의 개입 방식을 선택할 수 있습니다. 진행과 촉진은 수면 위에 올라온 갈등 당사자의 표면적인 문제를 알고 있는 상태에서의 개입이며, 문제해결을 위해 양측 당사자가 서로의 의견을 적절하게 교환하면서 그들의 소통과정에서 문제해결 지점을 찾아가도록 만드는 방식입니다. 그러면 진행자나 촉진자 또는 사회자로 불리면서 보통 내재적인 갈등의 역사를 알지 못하더라도 서로의 대화가 효율적으로 전개될 수 있도록 안내하는 역할을 하면서 대화가 명료해지는 결과를 도출해 낼 수 있습니다.

세 번째, 진행과 촉진보다 더 깊이 있는 제3자 개입의 방식은 조정(Mediation)입니다. 조정은 양측의 갈등 폭이 깊어 더 이상 상호소통이 불가능하다고 판단될 때, 또는 당사자 간의 의사소통이 상당히 왜곡되어 제3자가 당사자의 이야기를 받아주고 상대에게 전달하는 '통역'의 역할이 필요할 때 선택하는 개입 방식입니다. 조정자

(Mediator)는 갈등 당사자들의 문제해결을 돕기 위해 갈등을 분석하여 대화의 구조를 만들고 서로의 실익을 고려하여 제3의 대안을 찾도록 돕는 역할을 합니다. 그래서 조정을 다른 말로 표현할 때, '잘 짜여진 협상'이라고 말합니다. 여기에서 잘 짜는 사람은 조정자이고, 협상을 하는 사람은 당사자라고 할 수 있지요. 이만큼 당사자들이 새로운 길을 모색할 수 있도록 구도를 만드는 역할을 하게 됩니다.

조정 방식 다음의 네 번째 개입 방법은 갈등 당사자들의 문제해결을 위해 어느 정도의 결정권을 쥐고 있는 중재(Arbitration)입니다. 중재는 구속력이 있는 제3자가 정확한 사실과 증거에 기초해 문제를 일정 부분 해결해 주는 방식으로 갈등 당사자의 참여가 극히 제한되는 방식입니다.

교사는 학급을 학생들과 함께 세워가는 과정에서 필연적으로 맞닥뜨릴 수밖에 없는 갈등에 대해 존중의 방식으로 대화와 협상이 가능하도록 '연습 과정'을 만들어야 합니다. 제3자가 개입해야 할 상황에서도 다급하게 교사의 중재로 결론 내리는 것보다 알선, 진행, 촉진, 조정 등의 개입 방식을 선택하여 학생들의 관계 회복이 원활하게 이루어지도록 준비해야 합니다. 그러나 현실적으로 교사의 가르침이 갈등 상황에서 발현되기 때문에 중재가 동반되는 경우가 많습니다. 학생들의 욕구를 살피고 그들이 자신의 이야기를 적절하게 이야기하도록 구조를 만들지만, 문제에 대해 제대로 된 직면이나 상대방 이야기에 대한 경청, 피드백, 공감을 나타내는 말 등이 적용되도록 하기 위해 교사의 중재 노력이 동반되는 것이지요. 어쩌면 교사의 중재 노력 없이 순전히 조정으로만 문제에 접근한다면 학생들의 자율성은 존중되더라도 교사를 통해 학생들이 여러 측면에서 정의를 배울 수 있는 가능성이 줄어들 수 있다는 점 또한 배제할 수 없습니다.

| 갈등을 분석하는 것이 중요합니다 |

교사는 교실에서 거의 매일 마주하는 학생들 간 관계갈등을 '분석'합니다. 당장 벌어진 일이라도 사실 확인을 하며 분석하게 되지요. 담임교사는 학생들의 일상생활의 맥락을 알고 사건을 대하고 있기에, 때로는 교사 자신의 감정이 사건에 이입되어 그 당시에 벌어진 '사건'을 객관화하지 못하고 학생이 벌인 이전 행동을 근거로, 두루뭉술한 추정치까지 당사자에게 덧붙이는 실수를 하기도 합니다. 교사도 감정조절의 어려움을 겪을 수 있습니다. 때때로 마음에 상처를 준 아이에게 언제나 새로운 감정으로 대할 수 있는 상태를 유지할 수는 없으니까요. 그래서 갈등분석은 연습이 필요합니다. 왜 그럴까요? 기본적인 이유 중 하나는 갈등분석의 원칙에 나와 있습니다.

갈등분석의 4가지 기본원칙[9]

① 사람과 문제를 분리할 것

② 입장이 아닌 이해 관심사(실익)에 초점을 둘 것

③ 공동의 목표를 위해 선택할 수 있는 옵션(option)을 개발할 것

④ 객관적 기준을 적용할 것

　교실에서 벌어지는 관계갈등에서 교사가 갈등분석을 시도할 때 학생과 문제를 분리할 수 있을까요? 갈등분석을 연습하지 않는 대부분의 교사는 아이와 문제를 동일시 하게 됩니다. 문제를 일으킨 주체가 '학생'이고 반복적인 행동이 낳은 결과가 사건과 연결되어 학생의 인격과 문제를 동일시할 수 있습니다. 아이에 대한 낙인이 교사의 마음에 찍힌 겁니다. 낙인의 문제가 계속되면 교사는 아이에게 받은 스트레스를 동료 교사에게 뒷담화하거나, 낙인이 된 아이로 인해 발생한 문제에 대해서는 '타임슬립(time slip)'까지 동원하여 아이를 비난할 수 있습니다.

---

[9] 사단법인 한국갈등해결센터, '갈등해결지원', http://m.adrcenter.or.kr/page/page16.에서는 협상의 4가지 원칙으로 게시되어 있으나 일반적으로 갈등분석에서도 원칙은 함께 적용되고 있습니다.

***질문으로 갈등 분석하기**

어떻게 갈등분석을 연습해야 할까요? 교실에서 벌어지는 갈등 상황에 아래의 질문을 적용해 보십시오.

① **갈등 당사자: 누가 갈등을 겪고 있는 당사자인가요?**

- 학생 개인인가요?, 집단인가요?
- 집단인 경우, 핵심 당사자는 누구인가요?
- 힘의 균형은 어떠한가요? 어느 쪽으로 기울어져 있나요?

② **기대: 당사자들은 갈등을 통해 무엇을 원하나요?**

- 갈등을 통해 두려워하는 것은 무엇인가요?

*갈등을 겪고 있는 당사자의 숨겨진 관심사를 '실익'이라고 말합니다. 실익은 보통 당사자가 이 갈등 상황에서 가장 필요한 것과 가장 두려운 것은 무엇인지 살펴보는 질문을 통해 알 수 있습니다. 조정자(교사)는 일반적으로 갈등 당사자를 따로따로 만나는 사전모임 과정에서 실익을 파악합니다.

③ 쟁점: 무엇 때문에 갈등하고 있나요?

- 갈등 당사자들이 주장하는 것은 무엇인가요?

- 갈등 당사자들이 원하는 것은 무엇인가요?

- 원하는 것 뒤에 숨겨진 관심사가 무엇인 것 같습니까?

④ 갈등이 일어난 과정: 갈등은 어떻게 진행되었나요?

- 갈등은 일어난 이유는 무엇인가요?

- 갈등을 격렬하게 만들거나, 약하게 만든 '결정적 사건'이 있었나요?

- 현재 갈등 당사자들의 상황은 어떠한가요? 갈등이 계속되고 있나요?

⑤ 당사자들의 행동: 갈등을 겪고 있는 당사자들은 어떻게 행동하고 있나요?

- 갈등 당사자들은 서로에게 어떤 영향을 미치고 있나요?

- 갈등 당사자들 간에 어떤 행동 혹은 반응 패턴을 보이나요?

| '갈등 양파'로 갈등 분석하기 |

갈등을 분석하는 도구로 질문을 사용했다면, 이번에는 관계갈등에서 많이 사용하는 소위 '갈등 양파(Conflict Onion)'라고 부르는 '양파기법'을 소개하려고 합니다. 대체 갈등과 양파는 어떤 관계가 있어서 '갈등 양파'라고 부를까요? 양파가 지닌 특징 때문입니다. 양파는 겉껍질을 벗기면 또 다른 껍질이 나옵니다. 몇 번이고 껍질이 반복되지요. 그래서 양파의 단면을 보면 눈에 보이는 부분과 보이지 않는 부분으로 구분하여, 갈등 당사자가 취하는 겉모습과 보이지 않고 숨겨진 속마음으로 나눌 수 있습니다. 보통 양파 같은 사람이라고 하면 속을 알 수 없는 사람이라는 의미로 쓰일 수 있지만, 갈등 당사자의 행동을 결정하는 '내적 측면'을 분석할 때는 형상화할 수 있는 주요한 도구가 될 수 있습니다. 그러면 '양파기법'으로 불리는 갈등 양파에 대해 알아보겠습니다.[10]

양파의 단면을 잘라보면 눈에 보이는 겉껍질과 안쪽 껍질을 확인할 수 있습니다. 갈등이 발생하면 당사자들은 기본적으로 가시적으로 확인할 수 있는 입장을 갖게 됩니다. 어떤 논점이 생겼을 때 자신

---

[10] 갈등 양파에 대한 자세한 내용은 다음의 도서를 참고할 수 있습니다. 『Working With Conflict: Skills and Strategies for Action』(Simon Fisher, 2000)

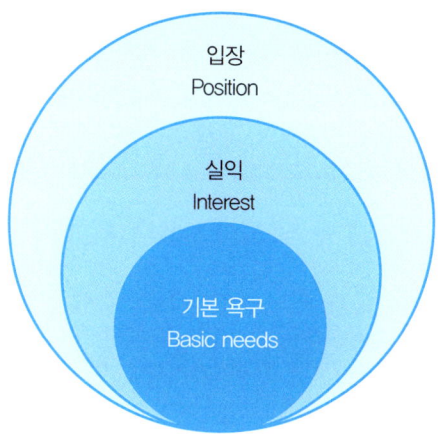

의 위치에 따라 찬성이나 반대를 표현할 수 있지요. 그것이 바로 입장입니다. 입장을 'position'이라고 칭하는 것은 입장이 당사자가 서 있는 위치이기 때문입니다. 마치 야구선수에게 '당신의 포지션이 어디입니까?' 라고 물었을 때, '저는 외야수입니다.', '저는 1루수입니다'라고 말하는 것과 같습니다. 갈등 당사자에게 지금의 위치를 질문하는 것은 그의 속마음은 모르지만 겉으로 취하고 싶은 외부적인 표현을 묻는 것입니다.

 여기에서 겉껍질 하나를 까 보겠습니다. 거기에는 두 번째 같은 형태의 양파 속껍질이 나옵니다. 겉껍질에 의해 감추어져 있어 보이지 않았지만 분명히 당사자의 입장을 지지하는 내적 측면이 나옵니다. 우리는 이것을 '실익'이라고 부릅니다. 영문으로는 interest로 표현하지요. 실제적인 이득 관계를 말하는 것으로 자신의 관심사를 말하고 있습니다. 진짜 자신이 원하는 바를 지칭하는 것입니다.

또 하나 껍질을 까보면 같은 형태의 속껍질이 나옵니다. 이 껍질은 둘러싸고 있던 껍질과 모양새는 같지만 전혀 새로운 껍질입니다. 이것은 '기본 욕구(basic needs)'라고 부릅니다. 마치 알맹이처럼 들어 있는 욕구는 실익의 속껍질과 입장이라는 겉껍질의 근본 원인이 됩니다. 그렇다면 인간이 지닌 기본욕구에는 어떤 것이 있을까요? 인간의 기본욕구를 설명하는 대표적인 학자로는 심리학자 에이브러햄 매슬로우(Abraham Maslow, 1908~1970)를 들 수 있습니다. 그는 인간이 지닌 욕구에 위계가 있음을 주창했는데, 처음에는 5단계로 나눴으나 최종적으로 총 6단계로 인간 욕구를 설명했습니다. 6단계를 나눠보면 다음과 같습니다.

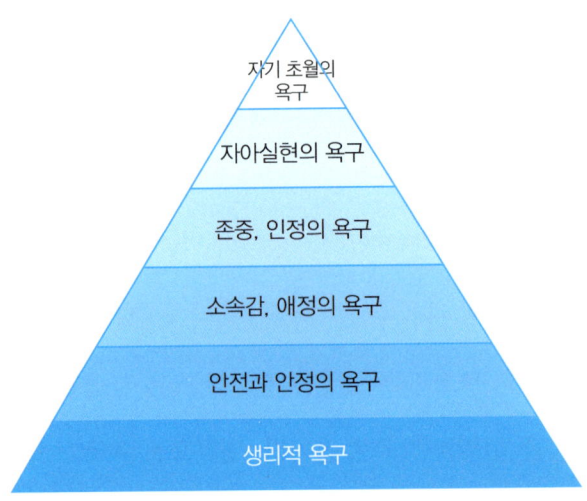

- 생리적 욕구: 공기, 음식, 수면, 의복, 주거 등 삶을 유지하기 위한 기초적 욕구
- 안전과 안정의 욕구: 신체의 위험과 생리적 욕구의 박탈로부터 자유로워지려는 욕구
- 소속감, 애정의 욕구: 다른 사람들과 관계를 맺고 사랑하고 사랑받고 싶은 욕구
- 존중, 인정의 욕구: 내적 외적으로 인정을 받으면서 어떤 지위를 확보하려는 욕구
- 자아실현의 욕구: 자기 발전을 위하여 잠재력을 극대화, 자기의 완성을 바라는 욕구
- 자기초월의 욕구: 자기 자신을 초월하여 다른 것을 만들어내고자 하는 이타적인 욕구

이처럼 양파의 가장 안쪽에 있는 인간의 기본 욕구는 내재적이며 실존을 위해 반드시 있어야 하는 것으로, 결핍되면 분쟁이 촉발될 수밖에 없는 요소로 작용합니다.

다음과 같이 갈등 양파를 간략히 정리할 수 있습니다.

- 입장- 겉으로 원하는 바를 표현하는 것
   논리적인 근거, 정당성, 감정적 대응 등으로 꽉 채워져 비집고 들어갈

틈이 거의 없음.
- 실익- 실질적인 이해관계, 진짜 원하는 것
  당사자의 구체적인 이익이나 현실적 필요, 관심사, 우려, 희망 사항 등으로 이뤄져 있으며 외재적이며 물질적 특성이 있어 당사자 간 협상 가능.
- 욕구- 내재적으로 사람에게 반드시 필요한 것
  인간의 실존을 위해 필요한 것으로 대체할 수 없는 것으로 욕구가 결핍될 경우 심각한 분쟁으로 이어짐.

그렇다면 갈등 양파를 갈등분석에 어떻게 적용할 수 있을까요? 거의 100년 전 미국의 사회복지사, 조직행동과 조직이론가, 현대 경영학의 어머니라고 불리는 메리 파커 폴렛(Mary Parker Follett)이 이야기했던 '오렌지를 놓고 싸우는 두 자매' 내용을 예로 들겠습니다.

두 자매가 있었습니다. 그들은 모두 오렌지를 사용한 맛있는 요리를 하고 싶었고, 오렌지는 단 하나밖에 없었습니다. 서로 다툼이 일 수 있는 상황이었지만 이들은 오렌지를 반으로 잘라 논쟁을 해결했습니다. 그렇다면 두 자매에게 이 일은 해결된 걸까요? 그렇게 보일 수 있으나 알고 보니 언니는 요리에 오렌지 주스만 필요했고, 동생은 껍질만 필요했습니다. 두 레시피 모두 오렌지 반 개만으로는 효과가 없었습니다. 그래서 결국 두 자매 모두 오렌지를 사용할 수 없게 되었습니다.

허무하게 마무리되는 이 이야기를 갈등 양파로 나눠볼까요? 두 자매 각각의 입장은 무엇일까요? 모두 요리에 오렌지가 필요한 상황입니다. 입장은 '오렌지가 필요하다' 입니다. 그렇다면 입장의 겉껍질을 까서 속껍질인 실익은 무엇일까요? 이는 두 자매가 각각 자신의 입장을 표명하고 있는 이유가 될 것입니다. 언니는 오렌지 주스가 필요했고, 동생은 오렌지 껍질이 필요했지요. 이것이 실익입니다. 껍질 하나를 더 까서 기본 욕구를 찾아보면 언니와 동생 둘 다 맛있는 요리를 완성하여 먹고자 하는 식욕(생존의 욕구), 자신이 만든 요리가 맛있게 되길 바라는 성취, 자아실현의 욕구가 있습니다.

| 오렌지 요리 |

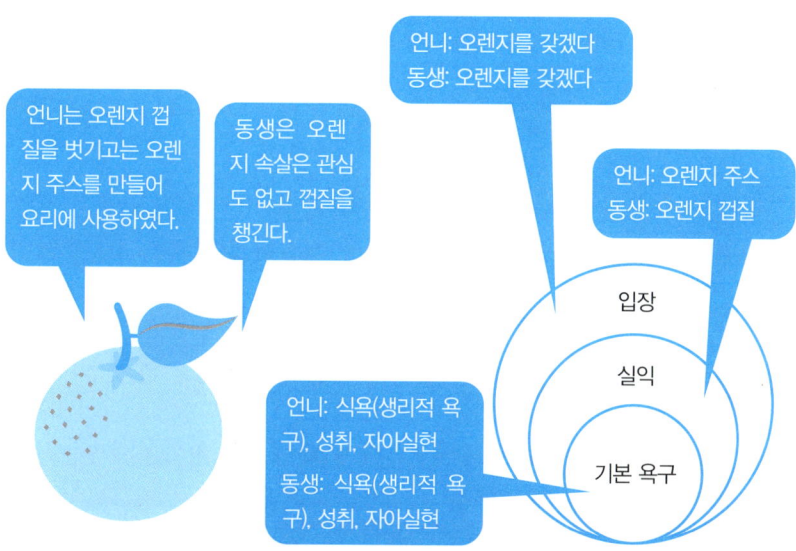

사실 메리 파커 폴렛(Mary Parker Follett)은 이 이야기를 협상의 원리로 끌어나갑니다. 양측이 win-win 하기 위해 어떠한 전략을 사용해야 하느냐는 것이지요. 두 자매의 협상 논리는 분배교섭 기법으로 제로섬 게임에 가깝습니다. 이렇게 딜(deal)을 하는 것으로는 두 사람 모두 만족할 수 없는 상태에 이르게 됩니다. 그래서 폴렛은 이렇게 말합니다. "차이를 다루는 방법에는 지배, 타협, 통합의 세 가지가 있습니다. 지배를 통해서는 한쪽만이 원하는 것을 얻을 수 있고, 타협을 통해서는 어느 쪽도 원하는 것을 얻을 수 없습니다. 통합을 통해 우리는 다음과 같은 방법을 찾습니다. 양측 모두 원하는 것을 얻을 수 있습니다."

우리는 갈등 양파에서 분석을 통해 학교에서 발생한 관계갈등에서 당사자들이 지닌 입장과 실익, 욕구를 살펴볼 수 있습니다. 아래의 예시를 활용해 연습해 보세요.

중학교 1학년 경민이는 오늘 오전 이동수업으로 진행된 과학 수업에서 민주에게 놀림을 당했다. 과학 선생님이 지난 시간 배운 내용을 경민이에게 질문했는데 우물쭈물 대답을 못하고 있자 평소 아이들에게 핀잔주기를 즐기는 민주가 나서서 "대박~ 또라이"라고 비난했던 것이다. 경민이는 무척이나 기분이 나빠 이 사실을 과학 선생님께 알리고 선생님이 조치해 주기를 기다렸지만, 선생님은 끝나고 나서 대화하자고 하시고는 수업 끝나자마자 잊어버리고 가버리셨다. 수업 내내 과학실에서 불만을 품고 있던 경민이는 교실로 돌아와 민주의 가방을 밟고 내팽개치며 분풀이를 했다. 지켜보던 친구들이 말려도 경민이가 듣지 않고 흥분하자 아이들은 담임 선생님께 이 상황을 알렸고 이후 경민이는 담임 선생님께 불려가게 되었다.

사실 경민이는 평범한 남학생이고, 민주는 자주 친구를 놀리거나 욕을 하는 여학생이었다. 이전에도 민주가 경민이를 몇 번 놀린 적이 있었는데 그때마다 경민이가 하지 말라고 했지만, 민주는 말을 듣지 않았다. 민주 입장에서는 다른 친구들에게 일상적으로 쓰는 말들이라 장난으로 여겼던 것이다. 경민이는 그간 쌓아두었던 감정도 있었고, 다른 친구들에게 욕을 하고 놀리는 말을 하던 민주를 못마땅하게 여겼던 터라 순간적으로 올라오는 분을 참지 못했다.

 민주는 친구들이 재미있어하고 자신이 말하는 내용이 그리 심하지 않다고 생각한다. 활달한 성격에 나름 아이들과 친밀한 편이다. 함께 지내는 친구들도 있고, 학급 친구들 역시 민주가 놀릴 때마다 맞대응하면서 거친 분위기가 생기지만 그런대로 잘 지내는 편이다. 그런데 이번에 경민이가 자신의 가방을 밟고 던지는 상황은 이해할 수 없어 당혹스러운 마음을 갖고 있다.

과학 수업 시간에 벌어진 경민이와 민주의 갈등입니다. 수업을 지켜보며 미세한 행동 양식까지는 파악할 수 없지만 대략적으로 감정이나 어떠한 행위가 있었을지 짐작할 수 있는 내용입니다. 그렇다면 내가 담임교사로서 경민이를 만나고 앞으로 민주와의 갈등 양상을 풀어가기 위해 두 학생에 대한 갈등분석을 하려고 갈등 양파를 적용하면 어떤 양파의 모습이 나올까요? 잠시 읽기를 멈추고 직접 양파를 그려서 적용해 보시기를 제안합니다.

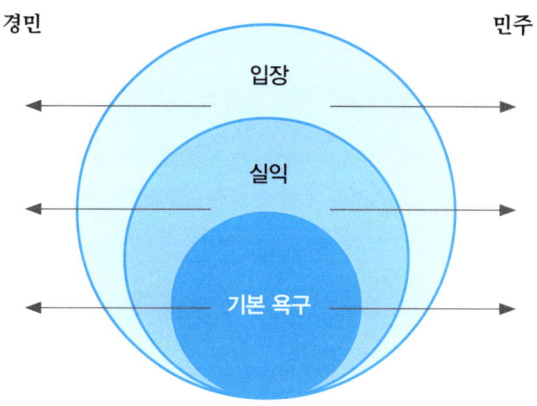

갈등양파를 통해 경민이와 민주의 갈등을 분석해 보겠습니다.

경민	입장	민주
- 민주의 사과		- 경민의 사과
수업 시간에 나에게 수치심을 준 민주에 대한 처벌 과학시간에 선생님이 지도하지 않은 것으로 인해 난처해 진 내 감정과 입장에 대해 해명하고 싶음 민주에 대해 재발방지 요구 민주의 놀림으로 친구들에게 낙인찍힐 것에 대한 거부감 가방을 밟은 것은 민주가 원인 제공한 것임을 증명하고 싶음	실익	내가 더 피해를 입었다는 것을 드러내고 싶음 경민이가 별것 아닌 것을 과민하게 반응하는 것임을 알리고 싶음 경민이가 가방 밟은 행위에 대한 재발방지 요구 가방, 훼손된 물건에 대한 변상 이전에는 내 행동에 대해 어떠한 문제 제기도 없었음 학급에서 나의 입지를 고려해야 함
안전과 안정의 욕구: 교실에서 안전하게 지내고 싶음 존중, 인정, 이해의 욕구: 내가 얼마나 억울하고 피해를 입었는지 존중받고 이해받고 싶은 욕구 자아실현의 욕구: 학급에서 친구들과 원만한 관계를 갖고 싶은 욕구	욕구	안전과 안정의 욕구: 교실에서 공격받지 않고 안전하게 친구들과 지내고 싶음 존중, 인정, 이해의 욕구: 내가 더 피해를 입었다는 것을 이해받고 싶은 욕구 자아실현의 욕구: 친구들 사이에서 자신의 존재감을 잃어버리지 않고 위치를 지키고 싶은 욕구

갈등 상황에서 입장은 대부분 드러나 있습니다. 그러나 실익과 욕구는 감추어져 있어 당사자와 대화를 통해 찾아야 합니다. 보통 실익은 '당사자에게 반드시 필요한 것', '가장 두려운 것'을 의미합니다. 교사가 학생에게 실익을 알기 위한 질문을 할 때, "지금 너에게 가장 필요한 것은 무엇이니?", "이 문제를 해결하기 위해 너에게 가장 필

요한 것은 뭐라고 생각해?", "이 상황에서 너에게 가장 두려운 것이 뭐라고 생각하니?" 등으로 구성할 수 있습니다.

그렇다면 갈등을 분석할 때 기억해야 할 것은 무엇일까요? 로저 피셔(Roger Fisher), 윌리엄 유리(William L. Ury)가 쓴 『Yes를 이끌어 내는 협상법(원저: Getting to yes)』에서는 다음과 같이 말하고 있습니다.

1. Don't bargain over position 입장에 대해 협상하지 말라.
2. Separate the people from the problem 사람과 문제를 분리 시켜라.
3. Focus on interest, Not problems 문제가 아닌 실익(관심사)에 대하여 집중하라.
4. Invent options for mutual gain 상호 간의 이익을 위해 대안적인 옵션들을 개발하라.
5. Insist on using objective criteria 객관적인 기준을 사용하도록 주장하라.

결론적으로 갈등 양파로 분석 연습을 지속하다 보면 갈등 국면에서 어떠한 질문과 대응을 할 수 있을지 전략을 수립할 수 있습니다.

3장. 교실 갈등에 필요한 핵심 질문들

| 고질적인 질병과도 같은 교실 문제들 |

3교시가 되자 아이들이 우르르 자리에 앉았다. 조회 시간에 오늘 우리 반의 문제 상황에 대해 다 같이 이야기하는 시간을 갖자고 하자 동요하는 아이들이 보였었다. 주변을 두리번거리거나 저 건너편에 있는 친구와 눈빛 교환을 하며 씩 웃으며 별일 아니라고 사인을 주고받는 아이들, 무슨 말인지 못 알아들을 만큼의 중얼거림으로 제 딴에는 짜증 내며 신경질을 부리는 아이들까지 다들 이유가 있어 보였다. 아이들은 우리 반에 대한 자신의 불편한 감정과 그 내용을 간단하게 활동지에 쓰고는 원래 그래왔던 것처럼 대수롭지 않게 여기는 분위기다.

- 수업할 때, 쉬는 시간 상관없이 다른 사람들의 입장을 생각하지 않고 자기 말만 하는 친구들이 있다. 그 아이들 때문에 수업 시간이 소란스럽다.
- 자기와 친한 친구들과만 놀고 그 외의 친구들에게는 적대적으로 행동하는 애들이 있다. 몰려다니면서 문제를 일으킨다.
  문제가 일어나면 매번 남 탓하는 애가 있는데 그러지 않았으면 좋겠다.
- 우리 반엔 생각이 없는 애들이 있다. "선생님, 우유 데워 주세요. 우유가 너무 차가워요." 이런 말까지는 안 하고 싶은데 걔네는 머리가 없는 애들인 것 같다.
- 맨날 자기가 해 놓고 끝까지 안 했다고 버티는 애가 있다. 정신 승리

갑이다.
- 수업이 졸려요. 어쩌라고!
- 다른 사람을 매번 평가하고 지적하는 친구가 있다. 그런데 자기가 제일 많이 떠든다.

아이들이 기록한 활동지는 일일이 열거하지 않아도 대략 이러한 내용의 반복이다. 생각나는 아이들이 있다. 수업 시간마다 지적당하는 아이들. 갈등은 이 무리로부터 시작해 하교할 때까지 끊이지 않고 싸움과 장난으로 이어진다. 이 친구들과 상담을 해야 한다는 생각에 갑자기 피로가 밀려오기 시작했다.

유독 학교 현장은 현실에서 겪는 사회문제의 모판인 듯 보이는 일들이 자주 일어납니다. 가족체계의 대표성을 지닌 다양한 아이들이 상호작용하며 살아가기 때문입니다. 그러니 교실에서 갈등은 빼놓을 수 없는 당연지사이며 갈등을 통해 긍정적 방향으로 성장할 수 있는 동력을 얻게 됩니다. 이때 성장의 핵심은 교사의 '대응'입니다. 여기에서 대응이란 갈등 해결을 위한 기술을 언급하기 이전 단계의 교사가 지닌 '마인셋(mindset)'에 관한 것입니다. 회복적 정의와 갈등 전환(Conflict Transformation)을 추구하는 교사는 소위 '기동전(war of movement)'과 '진지전(war of position)'[11] 중에 주로 진지전을 선택하는 사람을 말합니다. 기동전이 군사 작전을 위해 원활하게 병력 배치가 이루어지도록 하는 데 방점을 두고 있다면, 진지전은 사람들의 정신과 마음을 얻어 근원적인 싸움에서 이기려고 하는 것에 초점을 두고 있습니다. 이러저러한 '사건'이 발생할 때마다 일일이 '반응'하는 것에 신경을 쏟는 사람은 학생들을 대상화하거나 교사 자신이 번아웃 상태가 되기 쉽습니다. 교무실이나 학년협의회실에서 동료 교사들을 만나 학생들에 대한 '뒷담화'를 해야 스트레스가 풀리는 경우도 많겠지요. 그렇다고 사건에 반응하지 말라는 것은 아닙니다. 근원적인 의식의 변화가 일어나도록 만드는 '대응'에 관심을 기울이라는 것이지요. 대응하려면 중심이 있어야 합니다. 아이들의 피드백에 매번 흔들리지 않고 옳은 것을 선택할 수 있는 내면의 힘이 필요합니다. 위에서 '마인셋'을 언급한 이유도 바로 이 내적인 힘을 갖기 위해서입니다.

존 폴 레더락(Jouh Paul Lederach)은 이러한 내외적 대응 방식으로 '적응반응(Adoptive Response)'을 언급합니다. 그가 말하는 갈등전환의 핵심이 바로 적응반응입니다. 어떻게 받아들이고 반응할 것인지 내재적으로 결정이 되어 있는 상태입니다. 그래서 적응반응을 지닌

---

11 이탈리아의 마르크스주의 사상가 안토니오 그람시(Antonio Francesco Gramsci)가 주창했던 개념으로 기동전은 병력이 대치 상황에서 전면전을 벌이는 후진적인 전쟁 상태를 말하는 것이며, 진지전은 정치적 참호전이라 하여 학계, 예술계, 종교계 등 사회 전반에 걸쳐 의식을 확장하는 광범위한 투쟁 속에서 변혁을 성취하는 전술을 말합니다.

사람은 어떤 상황을 만나든지 '폭력은 최소화하고 정의는 극대화할 수 있는' 창의적인 유연함을 갖고 있습니다.

교사는 1년마다 새로운 형태로 학생들을 만납니다. 다양한 학생들을 만나 일상에서는 드러나지 않았던 관계의 측면을 개발하고 학생들이 '나다움'의 삶을 살아가도록 심도 깊이 관찰합니다. 교육과정을 수행함에 있어 관계를 기초로 삼는 것이지요. 그런데 이때 교사는 종종 필연적으로 드러날 수밖에 없는 갈등의 상황 한 가운데에 서게 됩니다. 때에 따라서는 '그라운드 룰(Ground Rules)'조차 없거나 기능하지 않는 아이들의 관계망을 만나 고군분투하고, 보호자들이 민원을 제기한다고 조악한 폭력적 언어로 분풀이하며 보낸 긴 장문의 문자를 받기도 합니다. 이런 상황에 치닫게 되면 교사는 타인에 의해 존재하는 사람이 아니라 자신만의 시간과 공간을 지닌 주체자로 서 있다는 것을 스스로 증명해야 하는 어려움에 빠집니다. 일상이 외부의 불합리한 분위기로 뒤덮이는 것에 한없는 불쾌감을 느끼기도 합니다. 고통의 순간을 한참이나 지났을 때 그래도 '진지'를 구축하는 사람으로 돌아서서 폭력적 상황에 자신의 몸과 마음을 소비하지 않고 나로서의 철학과 시간에 머물기로 용기를 냅니다. 그리고 묵묵하게 함께하며 별말 없이 바라보던 학생들이 있었다는 것에 시선을 돌릴 수 있게 되지요. 그 자체로 가치 있는 일입니다.

그렇다면 다양한 갈등의 현장에서 교사가 적응반응의 삶을 살아가기 위해 기억해야 할 것은 무엇일까요? 그리고 그때마다 어떠한 방법으로 대응해야 할까요? 사실 이 질문에 답하는 것은 그리 쉽지 않은 일입니다. 각기 다른 현장에서 다양한 조건을 지닌 갈등의 양상을 만나기 때문입니다.

교실 갈등에서 벌어지는 현상을 다음과 같이 정리해 볼 수 있습니다.

1. 교실 갈등은 왜곡된 이야기로 가득한 '연극 무대'입니다.

갈등 상황은 불안과 두려움을 겪는 당사자가 자기방어를 위해 만든 스토리가 표출되는 공간으로, 본래 있었던 이야기가 각색되어 대본이 만들어집니다. 마치 무대에서 연극을 하듯 타인을 관객으로 앉혀 놓고 자기 말만 반복하는 친구들이 있습니다. 진실하지 않아서가 아니라 두려워서입니다.

2. 갈등 상황에서는 언제나 당사자가 지닌 '기억과 감정', 벌어진 사건의 '사실관계' 사이에 줄다리기가 벌어집니다.

기억은 감정의 필터를 거쳐 생성됩니다. 갈등 상황에 대한 기억은 언제나 감정의 기울기로 인해 편향적입니다. 그래서 '사실'과 직면할 때 당사자는 전혀 그러한 기억이 없다고 말합니다. 자기는 그런 말을 한 적이 없다고 주장합니다. 집에 가서 보호자에게 학교에서 자기 말을 믿어 주지 않는다고 항변합니다. 아이가 지닌 기억과 감정, 그리고 사실관계 사이에서 줄다리기가 벌어집니다.

3. 교실 갈등에서 당사자가 된 아이들은 곧잘 '감정의 거짓말'에 속습니다.

감정은 내 속에서 거짓을 말하기도 합니다. 다른 친구가 하지 않은 말을 듣기도 하고, 눈빛 하나만으로 많은 사건이 벌어졌다고 여깁니다. 내 감정이 지시하는 생각에는 한계가 없습니다. 교사의 말 한마디에 학생은 선생님이 자신을 비난했다고 여겨 과거의 어떤 기억까지 꺼내 올려 연결합니다. 감정은 언제나 제멋대로 해석하기 때문에 내 속에서 속삭이는 '거짓말'에 속지 말아야 합니다.

4. 교실 갈등의 중심에 있는 아이들은 생각을 '서사'로 말하지 못하고 '몸'으로 말하는 경향이 있습니다.

'쇼츠(shorts)'가 대세라고 말합니다. 긴 내용의 글을 읽거나 쓰기가 힘든 시대가 되었습니다. 감각적인 자극을 주는 짧은 이야기가 더 와닿는다고 말합니다. 갈등 당사자들 역시 자신의 이야기를 자세하게 말하지 못합니다. 평소 이야기를 나누는 시간보다 영상을 보는 일이 많아지면서 진지하게 타인과 문제를 논할 수 있는 능력마저 잃어버렸습니다. 몸으로 저항하는 표현만 하지요. 갈등 상황에서 느끼는 불안, 두려움, 어려움 등의 감정을 언어로 서술하는 연습 또한 충분하게 하지 못했습니다. '대화 지능'을 개발하지 못합니다. 그나마 몸으로라도 표현하는 아이는 소통의 방편을 가진 것이라 좌절할 것까지는 없지만 몸의 감각을 사고로 전환하여 언어로 표출할 수 있도록 교육해야 합니다.

5. 갈등이 벌어질 때 관계 형성보다 관계 단절을 선택하는 아이들이 많습니다.

불편한 감정을 극복하려는 연습을 하지 못한 아이들은 서로를 대하는 마음을 전환하는 것 역시 쉽지 않습니다. 감정의 거짓말에서 끝내 헤어 나오지 못한 친구들도 있지요. 결국 교실 갈등은 관계 단절의 장이 될 때가 더 많습니다. 한 공간에 있으면서 서로를 외면해야 하는 상황을 너무도 쉽게 받아들이고 있습니다. '너랑은 절교', '나에게 말 걸지 않았으면 좋겠다'는 말을 쉽게 주고받습니다.

| 회복적 질문은 갈등 해결의 출발선 |

교실 갈등의 상황에서 교사는 갈등 해결을 위해 다양한 접근 방식을 활용합니다. 이제는 갈등 해결과 관계 회복을 위해 활용할 수 있는 다양한 방법을 습득하는 것이 가능해졌지만, 회복적 생활교육이

강조하는 방향을 확인하고 적용·실천하는 것은 또 다른 차원의 문제입니다. 갈등 해결을 위한 회복적 생활교육의 방향성을 다음과 같이 간략하게 정리할 수 있습니다.

1. 교실 갈등은 '직면'의 과정을 통해 출발합니다.

직면은 서로 마주하는 것을 의미합니다. 그러나 무작정 대면으로 만나는 것만을 의미하진 않습니다. 직접적인 쌍방 간의 만남 이전에 당사자가 각각의 '진실'과 직면하는 시간이 필요합니다. 막상 양측이 준비 없이 대면하여 파편화된 자기만의 기억을 주장함으로 인해 초래되는 결과만큼 소모적인 것은 없기 때문입니다. 갈등 당사자는 먼저 사실과 마주하여 '자기 진실'의 자리에서 점차 객관적인 '사실'로 나아가야 합니다. 그래야 비로소 상대방과 대화할 수 있는 자리에 앉을 수 있습니다. 쌍방이 직면할 때는 그만한 준비가 필요합니다.

2. 교사의 질문에는 관점이 존재합니다.

응보적 질문은 보통 처벌을 받아야 할 가해자를 찾습니다.

'누가 그랬니?', '네가 그런 거지?', '너 말고 또 누가 그런 거지?'

직접적인 질문의 형식이 아니더라도 응보적 질문은 '유도신문', '가해자로 몰아가기', '결과를 정해 놓고 압박하기', 질문의 의도와 맞지 않는 '목소리 톤' 등이 담깁니다. 그러나 회복적 생활교육을 진행하는 교사는 처벌과 응징을 담은 비난을 질문에 담지 않습니다. 중립적인 질문의 방식으로 사람이 아닌 상황을 말하게 하고, 당사자가 자신에게 벌어진 상황과 자신의 이해를 설명할 수 있도록 돕습니다. 문제를 직시하면서 그 안에 숨겨진 사람들을 찾고 어떻게 회복을 향해 나아갈 수 있을지 생각하게 합니다. 이러한 질문을 우리는 '회복적 질문(restorative questions)'이라 부릅니다. 일찍이 회복적 정의를 실천하고 있는 사회에서는 관계 회복을 향한 선명한 방향성을 유지하면서 다양한 질문의 형식을 사용하고 있습니다. 대표적으로 활용하고 있는 회복적 질문은 다음과 같습니다.[12]

1. 무슨 일이 일어났나요?
2. 그때 어떤 생각이 들었나요?
3. 그 일 이후에는 어떤 생각이나 느낌이 들었나요?
4. 이번 일로 누가, 어떤 영향을 받았다고 생각하나요?
5. 당신에게 가장 힘든 부분은 무엇입니까?
6. 이번 일을 바로잡으려면 어떻게 해야 한다고 생각하나요?
7. 앞으로 관계 회복을 위해 필요한 것은 무엇입니까?

---

[12] 우리가 보통 사용하는 회복적 질문은 회복적 정의를 선도적으로 실천하는 국가에서 활용하고 있는 것을 직역한 것들입니다. 이제 우리 사회, 학교 현실에 맞는 전환적 질문의 방식을 적극적으로 개발하고 활용하는 것이 필요합니다. 다만 회복적 질문이라 칭하지 않더라도 비폭력의 방식으로 개발되어 활용하고 있는 다양한 질문을 훈련하고 유연성을 갖출 필요가 있습니다.

3. 갈등 해결의 목표는 '용서와 화해'입니다.

교실 갈등은 자주 학교 폭력과 연결되곤 합니다. 폭력이 발생하면 피해자는 상당한 신체적, 정신적인 영향을 받고 관계가 파괴되는 상처를 입을 수밖에 없습니다. 직접 당사자와 관계가 단절되는 것은 물론 주변인들과의 관계 역시 변질되거나 왜곡될 가능성이 크지요. 그만큼 폭력에 대한 피해와 영향력은 개인과 공동체를 병들게 만듭니다.

교사는 학급에서 발생하는 갈등이 폭력으로 번져 양자 간 분쟁이 되었을 때, 또는 분쟁을 넘어 피·가해가 명확한 '폭력 사건'이 되었을 때 절차에 의한 사안 처리를 하지 않더라도 즉발적으로 교실에서 일어난 자잘한 사건에 개입해야 할 때가 많습니다. 때로는 학생들조차 교사의 개입 정도와 당사자 자신의 유불리에 따라 '학교폭력' 신고 여부를 판단하는 슬픈 현실을 겪기도 하지요. 그래서 교사는 갈등과 분쟁에 개입할 때 원칙이 필요합니다. 교사의 내적 방향은 용서와 화해를 향하고, 외적으로는 피해자의 회복과 피해 상황에 대한 복구가 이루어지도록 방향을 설정해야 합니다. 이를 위해 반드시 필요한 것이 '자발적 책임'입니다. 이 내·외적 방향이 명확하지 않을 때 우리가 범하게 되는 실수 대부분은 피해에 대한 관심이 아니라 가해자의 행동수정에 초점을 두는 것입니다. 회복적 질문을 활용하지만, 가해자의 행동수정에 목표를 두고 있었기 때문에 본의 아니게 가해자를

'설득'하는 상황에 치닫게 되는 것이지요. 가해자는 교사의 요청을 받아들여 겨우겨우 자신의 책임을 최소화하는 데 성공하지만, 피해자는 엄청난 불만에 휩싸이거나 선생님이 개입해도 안 된다는 불신을 갖게 됩니다. 이만큼 갈등 해결의 방향과 목표는 관계의 속성에도 많은 영향을 끼칩니다.

| 갈등 해결에 활용하는 다양한 질문의 형태 |

갈등 해결을 위해서는 이야기의 진행 단계마다 당사자가 찾아갈 수 있도록 돕는 다양한 질문의 형태가 있습니다. 회복적 질문이 바로 이러한 루트를 따라 구성된 것입니다. 학생이 문제를 일으켜 교사와 마주했을 때 짧더라도 풀어가는 단계를 거치게 됩니다.

*질문의 단계

위의 각 단계마다 질문은 달라집니다. 당사자의 인식 과정을 함께하며 질문의 단계가 적절하게 형성되면 사건 관련자뿐 아니라 공동체와의 관계망 역시 영향을 받게 됩니다. 이러한 단계별 질문의 방식에는 어떤 것들이 있을까요?

단계	질문 유형
1. 문제의 상황 이야기하기	• 무슨 일이 있었나요? • 그때의 상황을 말해 줄래요? • 그 일이 벌어진 이유가 뭐라고 생각하나요? • 당시에는 어떻게 반응했나요? • 문제가 벌어지기 전에 상대방과는 어떤 관계였나요? • 이번 일과 비슷한 일이 예전에도 있었나요?
2. 감정과 생각을 표현하기	• 그 일이 벌어졌을 때 어떤 감정이었나요? • 시간이 지나면서 들었던 생각을 말해 줄 수 있나요? • 그때의 마음을 어떻게 표현했나요? • 지금의 감정은 어떤가요?
3. 영향받은 사람 찾기	• 이번 일로 영향받은 사람은 누구라고 생각하나요? • 당신에게 가장 힘든 것은 무엇입니까? • 상대방은 어떤 상태라고 생각하나요? • 그때 주변에 지켜보던 사람들이 있었나요?
4. 자발적 책임의 과정 만들기	• 이번 일이 바로잡히려면 어떻게 되어야 한다고 생각하나요? • 내가 할 수 있는 일은 무엇입니까? • 상대방이 해야 할 일은 무엇이라고 생각하나요? • 문제가 해결되기 위해 필요한 것은 무엇입니까? • 재발되지 않기 위해 어떤 과정이 있어야 한다고 생각하나요?
5. 타인과 관계 설정하기	• 앞으로 상대방과 어떤 관계가 되길 원하나요? • 상대에게 부탁하고 싶은 것은 무엇인가요? • 공동체가 도움을 줄 수 있는 것에는 어떤 것들이 있나요? • 함께 지낼 때 주의해야 할 것이 있나요?
6. 느낀 점 나누기	• 대화하고 난 느낌은 어떤가요? • 처음 대화를 시작할 때와 달라진 점은 무엇인가요? • 이번 일을 계기로 배운 것이 있다면 무엇인가요? • 반드시 기억해야 할 일은 무엇이라고 생각하나요?

위의 질문들이 모든 것을 해결하지는 못합니다. 그러나 방향과 목표를 선명하게 할 수는 있습니다. 교실 갈등에 교사의 감정이 당사자를 지배하지 않도록 만드는 키워드가 될 수 있습니다. 또한 질문들 사이사이에 숨겨진 질문이 있습니다. 개입 질문이라고 할 수 있는 것들입니다. 이는 갈등 해결 과정을 경험하면서 쌓여가는 부분입니다. 때에 따라서는 순서가 바뀔 수도 있습니다. 자유자재로 질문을 활용할 수 있다면 당사자 스스로 문제해결에 참여하도록 안내할 수 있습니다. 그런 날이 곧 오기를 바랍니다.

• 에필로그 •

퇴근길, 학교의 매트릭스를 통과하며

| 교실의 문을 여는 Key Maker로 산다는 것 |

영화 〈매트릭스〉에서 인상적인 장면 중 하나는 새로운 단계의 세계로 갈 수 있는 문의 열쇠를 만드는 '키 메이커(Key Maker)'의 역할이었습니다. 이 키 메이커를 둘러싸고 매트릭스와 인간이 서로 그를 차지하기 위해 치열한 전투를 벌입니다. 매트릭스의 비밀을 푸는 키 메이커의 존재는 그야말로 인간 삶에 대한 비밀을 푸는 인물로 중요한 역할을 하고 있습니다. 다음 단계로 나아가기 위해 꼭 필요한 인물입니다.

아이들이 가고 난 후 빈 교실을 떠나 긴 복도를 뚜벅뚜벅 걸어 나가 중앙계단으로 한 층한 층 내려갑니다. 초등 선생님들은 교실 문을 직접 잠그는 분도 계실 거고 중등 선생님은 교무실에서 자기 책상을 정리하실 겁니다. 어디서 근무하든 수업을 위해 문을 열고 들어가는 이는 교사입니다. 교육 현장에 켜켜이 쌓인 문제들을 몸으로 느끼며 면밀하게 관찰하고 매일 아이들의 삶과 직면하는 사람들. 그래서 교사는 교실의 문을 열 때마다 교육의 키 메이커로 역할을 수행합니다. 사실 '매트릭스'의 어원이 라틴어에서 어머니를 뜻하는 'mater'라고 합니다. 무언가의 근원이라는 의미입니다. 교사는 교실의 문을 열고 인간의 유한함과 연약함, 충동성과 비합리적인 흐름 속에서 학습, 정의, 관계, 돌봄이라는 매트릭스의 근원을 찾아갑니다. 교실을 움직이는 폭력의 매트릭스를 발견하고 다른 세계의 문이 있다는 것을 아이들에게 알려주고 함께 통과하는 키 메이커 역할을 행하는 것이지요. 퇴근하여 집으로 돌아와 자기 삶에서 또 다른 세계의 문을 여는 구도자로 살아가려 애씁니다. 가만히 있으면 현실의 매트릭스에 나도 모르게 감금되기 때문입니다.

회복적 정의를 전환적 정의라고 부릅니다. 갈등을 전환하고 응보적 정의에서 회복적 정의의 세계로 나아가는 문이기 때문입니다. 그래서 현실의 제도적, 문화적 매트릭스에 저항을 받습니다. 그렇다고 회복적 정의가 모든 것의 대안이 될 수는 없습니다. 그러나 장기간 계속된 폭력 사회에서 개인부터 회복적 정의로 전환하는 시작을 하고자 우리 사회의 평화를 여는 키 메이커로서 실천 가능한 역할을 촉진하게 하지요. 이 책에 밝힌 바와 같이 저는 오랜 기간 현실 세계의 폭력과 맞서 왔습니다. 주로 학교에서 벌어지는 구조적인 폭력과 우리 사회의 성숙하지 못한 응보적 패러다임의 영향을 받는 교사들이 마주한 어려움을 함께 풀어 가는데 많은 에너지를 사용했습니다. 그런데 누구를 돕는다는 것은 결국 키 메이커로서 역할을 하는 것이었습니다. 내가 도움을 필요로 하는 이들의 어려움을 해소해 주는 것이 아니라 그가 더 나은 세계로 향한 문을 열고 나아가도록 열쇠를 만들어 줄 뿐이었습니다. 열쇠를 만드는 사람 역시 현실 매트릭스에 영향을 받지만 매번 희망에 찬 새로운 신비를 경험하는 과정이라고 여기면서 말이지요.

| 당당하게 훔쳐라! |

"Steal with pride!"

인터넷 검색 엔진 Google에서 자주 쓰는 말입니다. '자부심을 가지고 훔쳐라'고 말하기도 하고, 지식을 공유하는 것의 창의적 성장 가능성을 이야기하며 타인의 것을 엿보는 것, 복제로 시작하는 창조적 능력에 대한 언급을 하기도 합니다. 교사는 무엇을 훔쳐야 할까요? 교사만을 한정 짓는 말이 아니지만, 교육 매트릭스의 비밀을 푸는 역할을 수행하면서 '인지적인 벙커(epistemic bunker)' 안에 매몰될 수는 없는 일입니다. 그럼 어떻게 할까요?

갈등전환의 대가 존 폴 레더락(John Paul Lederach)은 그의 저서 「도덕적 상상력(The Moral Imagination: The Art and Soul of Building Peace)」에서 평화 세우기의 복잡성에 관한 이야기를 전합니다. 그는 복잡한 관계망을 지니고 있는 오랜 갈등의 역사를 살아가야 했지만, 그 복잡성을 풀어가기 위한 첫 단추는 '대화 나누기'를 시도하는 것이라고 말합니다. 긴 세월 평화를 구축하기 위해 단순함과 복잡함에 대한 인사이트를 얻으려 많은 여행과 대화를 했다지요. 그런데 그가 언급한 새와 물고기 떼 이야기는 특별한 인상을 줍니다. 지평선 위 하늘과 맞닿은 곳으로부터 새 떼가 새까맣게 무리를 지어와 갑자기 하늘로 치솟기도 하고 어느새 땅으로 곤두박질치듯 여러 방향으로 떼 지어 이동한다는 이야기입니다. 푸른 바닷속을 헤엄치는 물고기 떼 역시 향방 없이 떼 지어 가며 감탄을 자아냅니다. 과연 이들에게 리더가 있는 걸까요? 존 폴 레더락은 질문합니다. 뭔가 리더십을 발휘하는 무리가 있을 법도 한데, 이 새 떼와 물고기 떼의 특징은 리더가 없다는 것입니다. 다만 하나의 원칙이 존재하는데 그것은 쏠리지 않는 쪽으로 움직인다는 것이지요. 쏠리지 않는 쪽을 선택하는 것입니다.

교사는 학생들과 마주하며 집단의 운동력을 경험합니다. 이야기의 쏠림, 대중문화가 지배하는 정신적인 쏠림 현상들, 때로는 힘 있는 아이들이 만드는 파워에 학급 전체가 쏠리기도 합니다. 결국 누가 주도하는가에 따라 학급의 분위기가 형성되는 상황입니다. 당당하게 훔쳐라! 다시 질문합니다. 교실에서 어떠한 집단의 억압적 쏠림 현상에 휩쓸려가지 않을 긍정적인 쏠림의 원리를 만드는 것, 또래 압력이 수평적 구조에서 형성되도록 출발선이 되는 것, 이것이 '상상력'의 위력 아닐까요? 자연에서 발견하는 상상력은 고도의 집중력과 관찰, 인내를 필요로 합니다. 존 폴 레더락은 영성이 있어야 한다고 말합니다. 우리는 당당하게 자연에게서 상상력을 훔칠 것입니다.

오늘, 서사가 메말라 건조해진 교실에서 아이들과 함께 나눌 이야기 서클을 준비합니다. 혹시 거대한 이야기에 부담을 느끼는 아이들을 위해 소몰 토크를 시도합니다. 쉬는 시간, 점심시간, 오가면서 만나는 아이들에게 짧은 이야기로 말을 겁니다. 그리고 복도를 지나 교실의 문을 열고 새로운 전환을 말합니다. 그렇게 교사의 삶은 계속됩니다.

• 참고문헌 •

- 고병헌. (2020). 교육-존재가 존재에 이르는 길. 이다북스.
- 김세준. (2017). 역할중심상담. 도서출판 비블리오드라마, p. 16.
- 데이비드 봄. (2021). 대화란 무엇인가. 에이지21, p. 47.
- 로저 피셔·윌리엄 유리. (2014). Yes를 이끌어 내는 협상법. 장락.
- 리사 셔크·데이비드 캠트. (2020). 공동체를 세우는 대화기술. 대장간, p. 15.
- 성열관. (2023). 관계와 법 사이에서: 학교의 사법화에 대한 대응 전략. 한국교육연구네트워크(2023). '법화사회' 속 '교권침해-아동학대-학교폭력' 진단 및 대안 토론회 자료집.
- 시어도어 젤딘. (2019). 대화에 대하여-삶의 지혜를 구하는 품격 있는 방법. 어크로스.
- 에드워드 홀. (2013). 에드워드 홀 문화인류학 4부작 2 : 숨겨진 차원. 한길사.
- 애덤 스미스. (2007). 국부론. 비봉출판사.
- 앤드류 올포드·아만드 네룬드. (2022). 회복적 정의의 정치학. 도서출판 대장간.

- 이형빈. (2023). 논단 '돌봄의 교육'을 위한 시론 : 교사-학생 관계, 학교문화, 교육과정으로서의 돌봄. 교육비평. 52. 103-136.
- 전국교직원노동조합. (2022). 아동학대 사안 처리 과정 실태조사.
- 정진. (2016). 회복적 생활교육 학급운영 가이드북. 피스빌딩.
- 존 브래드 쇼. (2006). 진정한 나를 찾아 떠나는 심리여행 가족. 학지사, pp. 34~64. 켄 블랜차드 외. (2014). 칭찬은 고래도 춤추게 한다. 21세기 북스.
- 존 폴 레더락. (2016). 도덕적 상상력. 글항아리.
- 체사레 베카리아. (2022). 베카리아의 범죄와 형벌. 이다북스.
- 파커 J. 파머. (2014). 가르침과 배움의 영성. IVP.
- 파커 J. 파머. (2013). 가르칠 수 있는 용기. 한문화, p. 194.
- 평화를 만드는 여성회. (2001). 갈등해결 전문가 훈련 프로그램 참가자, 갈등해결 배우기: 이론, 방법, 적용.
- 캐롤린보이스-왓슨·케이프라니스. (2018). 서클로 나아가기. 대장간, p.33.

- Boje, David M. (2018). Organisational Research Methods: Storytelling in Action.
- Cathy A. Malchiodi·David A. Crenshaw. (2019). 애착문제 해결을 위한 창의적 예술치료와 놀이치료. 김유진 외 공역. 학지사, pp. 20-21.
- Noddings, N. (1984). Caring: education. L. A: University of California Press.

- Morrison, B. E. (2005). Persistently Safe Schools 2005: The National Conference of the hamilton fish institute on school and community violence.
- Simon Fisher. (2000). Working With Conflict: Skills and Strategies for Action. Zed Books.

- 서울신문. (2022). "손 안든 학생 발표 시키면 아동학대?" 교사 92% "신고 두렵다". https://www.seoul.co.kr/news/newsView.php?id=20221013500107&wlog_tag3=daum.
- 한겨레 (2014). "범죄와 형벌은 인권의 시금석". 조효제의 인권 오디세이. https://www.hani.co.kr/arti/opinion/column/651849.html

- 다니엘 리젤(Daniel Reisel). TED 2013, 회복적 정의의 신경과학. https://www.ted.com/talks/dan_reisel_the_neuroscience_of_restorative_justice
- 사단법인 한국갈등해결센터. http://m.adrcenter.or.kr/page/page16
- 위키백과. https://ko.wikipedia.org
- 체사레 베카리아. https://images.app.goo.gl/QNPqKJskSwizzgA7
- 판도사시나무군락. https://www.talesbytrees.com
- 픽사베이. https://pixabay.com

· **도움 주신 분들** ·

- 사진. 안재현 작가(스튜디오 13)
- 출연. 2022년 덕양중학교 1학년 1반, 민옥경선생님

  2022년 인천 부내초등학교 5학년 2반 학생들, 서효선선생님
- 수업 자료. 덕양중학교
- 교정. 고정임 작가